【暢銷經典版】

圖解百字明

藏傳佛教第一咒，讓一百尊佛菩薩幫你清除負面能量

張宏實 著

透過藏傳佛教特有的經文念誦及觀想，
呼喚、連結宇宙諸佛菩薩的能量，
消除我們累世以來的負面能量和業力，
獲得自身純淨無染本具的智慧。

百字明全文

第十七世 大寶法王 說

金剛薩埵的金剛在梵文中叫「vajra」，包含很多意義，最主要的一個意思是「無二佛智」，這種智慧不會被四魔所摧毀，它代表非常堅固、穩定的意思。薩埵也叫菩薩或勇士，這裡的意思是，雖然薩埵已經圓滿、完全清淨最細微的所知障及煩惱障，而且證得身智無二的果位。但是為了利益眾生，因此他化現色身的相貌顯現。在利益眾生時，他具備勇氣，從不灰心，因此被稱為薩埵、菩薩或勇士。

◆用心觀想， 開展方便與智慧

觀想金剛薩埵的修持，很重要的一個要點是，我們觀想出的金剛薩埵，其實都是我們自身的智慧而展現出的一個本尊，透過這樣的觀修而清淨自己的。並不是外在來了一尊菩薩，在我們的頭頂上，給予我們清淨。我們本具有智慧和方便，透過這個方法開展出金剛薩埵的清淨相，來幫助我們清淨罪業。這可說是特殊的一個方便法，並不是說一個佛菩薩來了，到我們頭頂上灑灑水，我們就乾淨了。如果是這樣就能清淨罪業的話，以前早就清淨了。所以這個修持的重點在於，我們用心來做觀想，盡力開展方便與智慧；而罪業的開展與否，淨罪的快慢與否，這一切都得靠自己的努力，同時也是依靠傳承的加持…當我們懺悔的時候，雖然自己沒有具備很標準的動機，但是依著福田境及諸佛菩薩大悲的加持，能夠快速的洗淨自己的罪障。

摘自：第十七世大寶法王「四不共加行」開示
地點：印度菩提迦耶德格寺
時間：2006年
相關網頁：www.hwayue.org.tw

第十二世
大司徒仁波切說

如果你餘生僅實修金剛薩埵一個法門，你也能達到與所有偉大的上師，如密勒日巴尊者，一樣所達到的證悟。它本身就是一個完整的修持法門，比較著重口誦及內在方面的淨化實修法門。

◆直到成佛，我們都需要淨化

淨化，依字面的意思，我們可以自然地了解到，其內在是純淨的。不可能被染汙的，是恆常的、俱生的純淨。同樣地，依字面的意思，我們也可以非常清楚的理解，常識性的理解，那就是在此純淨之外有某些東西使之不純淨，故而需要淨化。

我們的本質是本然清淨的。在所有的眾生之中，你不可能找到究竟不清淨的眾生。你會發現只有相對不清淨的眾生……當我們達到究竟清淨時，我們就成佛了。在那之前，我們都有些部分需要洗淨。如果我們看初地菩薩與佛，祂們兩者在我們的面前，我們可能會對初地菩薩的印象比較深刻。因為初地菩薩可以化現一百個完美的化身，我們可以數得出來。佛可以化現無數無量的化身。因此我們不知道如何去數，所以初地菩薩比佛有較多的二元性。佛完全沒有二元對立。當東西是辣的時，我們的舌頭可以嚐得到；當東西是甜的，我們的舌頭可以嚐得到；但如果東西什麼都有時，那我們就嚐不到了。味道與舌頭之間沒有二元存在時，我們就無法品嚐。同樣的道理，淨化已經自然表達地非常清楚，那就是每個人現在都是俱生的純淨。相對地，直至我們成佛，我們都有些部分需要淨化。

摘自：第十二世大司徒仁波切「了義海大手印」開示
地點：印度八蚌智慧林
時間：2004年
相關網頁：www.palpung.org

第一世 卡盧仁波切說

我們修行的基礎，我們試著要改進的，正是身為有情的我們自身。我們與生俱有身體、聲音和心。我們倚止於它們。我們從不曾想「我不在乎我的身體和聲音，我只在意我的心」。雖然身體、聲音和心有它們個別的功能，它們的基礎是全然一樣的。沒有心，身體將無所用；沒有身體，也就沒有聲音。這三者在某些方面是不可分離的。因為它們的不可分，我們造了無數的身、語、意之惡業和罪障。為了成佛，我們必須清淨它們。

當我們於禪修心的本性時，同時觀想本尊的像及口誦真言，如此則能清淨累劫所積的惡業。**當惡業及障礙被清淨時，禪修的證量會自然的現起，你不可能錯失它**⋯如你正念誦百字明，你就想你的根本上師以金剛薩埵的外形呈現，坐於你的頂上。你向祂懺悔，請求祂清淨你自無始以來所造的深重惡業。然後，你一邊觀想甘露自外形為金剛薩埵的上師流出，一邊念誦若干百字明。甘露充滿你的全身並溢出；你的惡業和罪障像煤炭水或汙油般地流出體外。這整個過程將使你清淨。接著，你觀想上師、金剛薩埵的身、語、意和你的身、語、意合而為一無二無別。這些為金剛薩埵的修行要點。

摘自：第一世卡盧仁波切圓寂前開示
地點：印度大吉嶺索那達
時間：1989年
相關網頁：www.dzogchen-gongbo.org, www.kalu.org.tw, www.niguma.org.tw

宗薩欽哲 仁波切說

業是心靈的一種力量。動機好的時候就會產生善業，動機不好就會產生惡業。為了要了解業，也許各位要去讀羯磨經和其他類似的經典。我們有很多不同的業，但是所有的業都是以阿賴耶識為根本⋯**阿賴耶識就像一家銀行，具有提存的功能，所以它不會被自己消耗掉，只要你做了任何一種行為，就會產生一種業，它就會自動存進阿賴耶的銀行裡。**除非有人去把它提出來，否則它就一直待在那裡。

舉例來說，今天早上你造了惡業，你已把惡業存進阿賴耶的銀行裡，到了晚上你懺悔時就把業提出來了。如果你不懺悔，這個業就會在那裡等待，等待成熟的機會。所謂成熟就是等待合適的機會，它可以等待一千生以上。當情況合適時，這個惡業就會再出現。

如果不清除業障，我們就會像一個有毒的容器一樣，有毒的容器就算放進藥也會變成毒藥。所以先要把容器弄乾淨。為了要清淨有毒的容器，我們要修淨障法。淨障的方法很多，最好的是修金剛薩埵。

摘自：宗薩欽哲仁波切「四共加行與四加行」開示
相關網頁：www.buddhanet.idv.tw, www.khyentsefoundation.org

目次

念誦百字明，
連結宇宙諸佛的能量

西元七二三年，一位來自南印的高僧，密教第五傳法祖金剛智，在湖南的資聖寺首度完成〈金剛薩埵百字明〉的漢文譯本。之後，慢慢地隨著歷史的演進與傳播，〈金剛薩埵百字明〉成為修學金剛乘最重要與最根本的基礎。直到今日，藏傳佛教四大教派格魯派、噶舉派、寧瑪派和薩迦派都以念誦〈金剛薩埵百字明〉做為學習金剛乘的基本功課「四加行」（four ordinary foundations）之一。

念誦〈金剛薩埵百字明〉的主要目的是帶領眾生發大菩提心，幫助修持者清除累世輪迴所積累的惡業罪障，進而發展無量的福德與智慧。因此〈金剛薩埵百字明〉可說是一個入門者的基礎功課。**絕大多數的藏傳佛教徒入學的第一堂作業就是修習金剛薩埵的法門**，在開始的修行階段每個人都要念誦金剛薩埵的咒語──百字明（The hundred-syllable mantra）。當代偉大上師頂果欽哲法王曾經說過重要的一句話，他說：「罪業唯一的善德，便是它可以被清淨。」對於藏傳佛教徒而言，金剛薩埵與其咒語「百字明」是懺悔淨力的代表，可以徹底地清淨眾生的惡業與妄想，修持者可依此去除過去所造的惡業。

淨化惡業第一咒「百字明」：一字一句解析咒語的含意

雖說單純地誦念「百字明」已能達到正面能量累積的功效，但是如果可以清楚了解咒語所含藏的意思，肯定是更優質的修行，所以，**協助讀者徹底了解百字明的意義，是本書非常重要的一項任務。**「百字明」顧名思義是有一百個字或一百個音節所組成，其實這整

首咒語是有嚴謹結構的。這百字或百音節可歸納為十一句結構，從開始第一句的「虔誠誓約」咒句，到第二句本尊金剛薩埵的顯現，接著是內在能量的持續累積，由「堅定安固」到「在心與業的榮耀閃亮」，進而獲得實際的清淨功德。當體會一切的圓滿之後，第十句咒句祈請金剛薩埵不要捨棄，而最後第十一句的大三昧耶，更是要讓真誠的心維持源源不絕的能量。

本書的百字明取自西元723年唐代僧侶金剛智（Vajrabodhi, 669～741）的原始譯版，如此可以還原更準確的念誦。十一句咒語採羅馬拼音，其中部分咒字的拼音附加標記，例如ā、ī、ū或是ṃ、ṇ、ḥ、ṭ。書中逐句解釋時都有一一說明如何發音，讓讀者可以自己念誦。這些屬於簡單、好唸的方法，若要精準與正確的發音，還是必須參考梵語發音的工具書，或是參加梵語教學班。金剛乘修學者若能如此學習了解「百字明」字句含意，在念誦該咒以呼喚、連結宇宙諸佛菩薩的能量來進行懺悔、清除罪業時，必能更具信心與效力。

透過觀想，與「諸佛之始」金剛薩埵連結

本書進一步帶領讀者觀修金剛薩埵。金剛薩埵是宇宙諸佛之始，也是一切壇城的至高本尊，觀修金剛薩埵就如同觀修一切諸佛，藉由與祂接軌、連結，能得到淨除諸業的加持力與源源不絕的強大能量，同時也開啟我們慈悲與智慧的良善本質，提升修行的品質。

因此，金剛乘學習者除了念誦「百字明」之外，可以進一步觀修金剛薩埵。在這部分，首先提出大家最熟悉的「獨尊相」金剛薩埵觀修法，接下來再進入進階的「雙身相」金剛薩埵觀修法。

首先「獨尊金剛薩埵」的修行，這個階段強調初期階段的觀想能力，也就是操作視覺化的基礎訓練。一開始是咒字「邦」（Pam）與「阿」（Ah）的觀想，接著，還要在腦海裡能夠成功地轉化成「蓮花」與「月輪」。但是，每個修行者必須知道一切現象都是空的，在蓮花與明月之上所觀想出來的任何現象都是空的，**無論是金剛薩埵種子字「吽」字（代表文字與聲音）或是金剛杵（法器），甚至本尊（具備身形的本初佛）也不例外，所有的一切都是空的。如果修行過程執著於實有，那就是法執，將會在內識之中又形成一種汙染。**

進階的觀修法，能跨越宇宙輪迴的生與死

至於，屬於進階學習的「雙身相金剛薩埵」的觀修過程，則詳盡呈現於本書第四篇的十個步驟。長久以來雙修一詞經常被誤解，如要深入探討這部分，可參考個人的另一本著作《圖解無上瑜伽》（橡實文化出版）。但提醒讀者，「真正的觀想實修」是必須經過優秀與可靠的上師指導才可進行，個人不宜自行嘗試。

你可能會感到困惑，既然雙修層面的觀想不宜個人輕易進行修習，那本書為何又要進行說明呢？舉個例子，量子力學是描寫微觀物質的一個物理學理論，它與相對論被認為是現代物理學的兩大基本支

柱，但因量子力學實驗室所需要的硬體設備難度很高，所以進行量子力學的實驗是非常困難的，例如美國洛斯阿拉莫斯（Los Alamos）國家實驗室的光纖量子密碼通訊距離的實驗，必須在長達48公里的地下光纜中傳送量子密碼本。**認識雙身相金剛薩埵的修行，就如同量子力學的理論認識，而真正的觀想實修就如同量子力學的實驗，必須謹慎學習而且還得有個美好的善緣。**

即便如此，僅僅只是理論認識雙身相金剛薩埵觀修法，仍有其重要意義：雙身金剛薩埵觀修法的用意在於挑戰、超越輪迴兩端「生」與「死」的難題，這是金剛乘修行的核心。在觀修金剛薩埵時，首先是觀想佛父與佛母的親密擁抱、結合，這代表著「生命的開始」，隨後的過程是觀想死神紅色閻魔天（Yama）的顯現，這也就是面對「生命的結束」的修行。**唯有跨越生死兩端的深層挑戰，才能完成更徹底的惡業淨化。**

相信這本書能提供給讀者徹底理解咒字的意義，也希望可以對金剛薩埵的觀想練習有所助益。雖說金剛薩埵獨尊相或是雙身相代表不同層次的修行，但兩者均包含百字明的念誦，**透由觀想與持咒等兩個重要的程序，都可以達到不同層面淨化惡業的效果，這是本書的核心重點。**

張宏實，2020年12月

第一篇

為什麼要念誦
金剛薩埵百字明？

淨化惡業第一咒

為什麼要念誦金剛薩埵百字明？

對於一位新皈依藏傳佛教的學習者而言，在發了菩提心之後，就可以念誦**金剛薩埵百字明**，並進而禪定修習**金剛薩埵法**。透過這兩個方法，學習者可以淨化惡業（purifies harmful deeds），可以提高宗教修行的成效。

從另一個角度來說，金剛薩埵百字明可說是藏傳佛法四大教派格魯派、噶舉派、寧瑪派和薩迦派，都要求的基本功課「四加行」（four ordinary foundations）之一。**它的主要目的是帶領眾生發大菩提心，幫助修持者清除累世輪迴所積累的惡業罪障，發展無量的福德與智慧。**因此，金剛薩埵百字明可說是一個入門者的基礎功課。

更進一步來說，無論你修習任何法門，如果能加誦此咒語數遍作為懺罪的結尾，那麼修習過程中略有過失、錯誤、遺漏，諸天護法也會原諒。所以念誦金剛薩埵百字明可以移除業障，是藏傳佛教修學者最有效、最殊勝的方法。

注意要點❶：灌頂儀式可增強淨化效力

一個藏傳佛教修學者想要修持一個法，通常需要經由金剛乘傳法上師灌頂（梵abhiseka）之後，才能開始修學。所謂灌頂，簡單來說就是得到上師的授權許可。那麼，修持金剛薩埵法是否也必須先進行灌頂儀式呢？卡盧仁波切一世（Kalu Rinpoche），是香巴噶舉的法王，也是藏傳佛教學問僧的至尊，其出神入化的佛學知識以及傳法內容深入淺出之精湛，連法王達賴喇嘛都對他頂禮有加。依據卡盧仁波切的指導，一個人如果先接受上師的金剛薩埵灌頂再念誦金剛百字明，會增加很大的效力。因為在灌頂儀式中，上師就如同金剛薩埵的化身，透過法器、甘露寶瓶、香的助力，幫助學習者進行淨化的儀式。

注意要點❷：隨時進行懺悔和淨化

前面所說藏傳佛教的修持者必須
移除的不純淨（impurity），包
括累世輪迴所造成的身、口、意
的惡業，以及造成惡業的因：無
知或迷惑。雖然經由念誦金剛
薩埵的百字明或禪定修習金剛
薩埵法，可以除掉過去的惡
業，但不能確保將來不再受
惡業的汙染。所以，只要
有新的惡業，修持者務
必要再一次進行懺悔
（Confession）與淨化程
序，這些都適合在修金
剛薩埵法之前進行，
而最佳的方法就是
念誦金剛薩埵百
字明。

1

藏傳佛法入門基礎功課

首先為了跨入佛法的門檻，我們皈依佛法僧三寶。其後，我們生起菩提心，此乃菩薩乘的根基，亦即為了利益眾生而求證悟的心願。現在，我們進入金剛乘，要做的便是金剛薩埵（藏音為「多傑森巴」）本尊的觀修與持誦，目的在於清除過去世所積累的障礙。

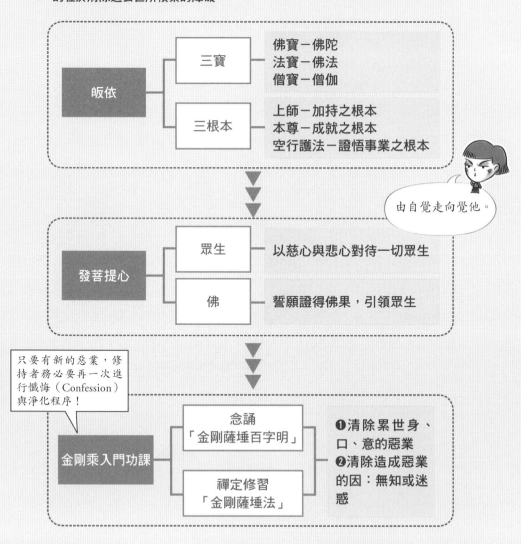

皈依
- 三寶
  - 佛寶－佛陀
  - 法寶－佛法
  - 僧寶－僧伽
- 三根本
  - 上師－加持之根本
  - 本尊－成就之根本
  - 空行護法－證悟事業之根本

由自覺走向覺他。

發菩提心
- 眾生｜以慈心與悲心對待一切眾生
- 佛｜誓願證得佛果，引領眾生

只要有新的惡業，修持者務必要再一次進行懺悔（Confession）與淨化程序！

金剛乘入門功課
- 念誦「金剛薩埵百字明」
- 禪定修習「金剛薩埵法」

❶清除累世身、口、意的惡業
❷清除造成惡業的因：無知或迷惑

四加行

藏傳佛教噶舉派大手印相傳的修持法門，行者必須依照次第循序漸進地實修。首先要修持的是共加行，將心轉向佛法之後，才能進入不共加行的修持。

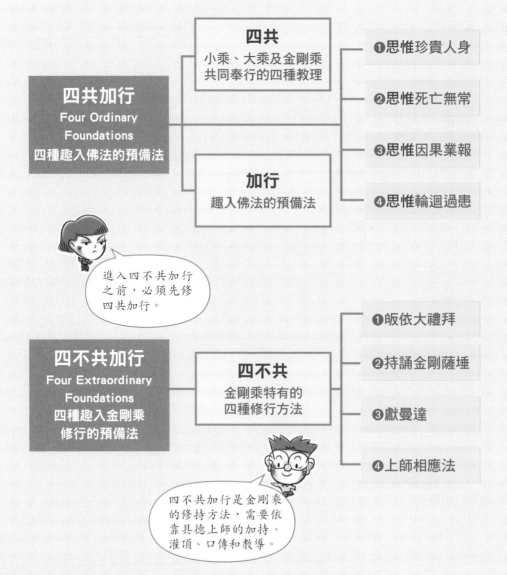

四共加行
Four Ordinary Foundations
四種趣入佛法的預備法

四共
小乘、大乘及金剛乘共同奉行的四種教理

❶思惟珍貴人身

❷思惟死亡無常

加行
趣入佛法的預備法

❸思惟因果業報

❹思惟輪迴過患

進入四不共加行之前，必須先修四共加行。

四不共加行
Four Extraordinary Foundations
四種趣入金剛乘修行的預備法

四不共
金剛乘特有的四種修行方法

❶皈依大禮拜

❷持誦金剛薩埵

❸獻曼達

❹上師相應法

四不共加行是金剛乘的修持方法，需要依靠具德上師的加持、灌頂、口傳和教導。

理由**2**

一切咒語的精髓

在金剛乘系統中，金剛薩埵是一切壇城的至高主尊，是諸佛之始，被稱為「本初佛」（Primordial Buddha）。因此，觀修金剛薩埵，便如同觀修一切的如來。

更重要的是金剛薩埵的根本咒「百字明」，乃是一切咒語的精髓。在六道中輪迴的眾生總是處於妄念的狀態，因而產生各種痛苦、障礙，這個咒語可以清淨我們的惡業障礙。如果我們漠視自己所作的惡業而不去清淨，不懺悔也不修復，將逐漸累積惡業。只有在日常生活中不斷經由身、口、意三門努力累積善行，如此將可積聚福德資糧，幫助我們面對死亡之恐懼。頂果欽哲法王在他的著作*Excellent Path to Enlightenment*（中譯：成佛之道）寫著：**「過去一切負面行為導致的障蔽，乃是我們無法在證悟道上前進的主要障礙。」**他分析負面行為有許多種，有些在本質上很明顯是不善的，例如殺生、偷盜、妄語等。其他則如違犯佛陀或上師所教導幫助我們修行增長的誓願與戒律。所以，修持金剛薩埵本尊法的主要目的，即在於清淨這些障蔽。只要能認真精進地修習金剛薩埵法，可以很容易地根絕惡行，但重要的是真誠強烈的懺悔。當完成這些方便善巧的法門，只要是一件善行便具有解開大量惡行的能力。為了全然清淨負面業行，我們必須運用「四力」：依止力、悔恨力、對治力和決斷力。而清淨的過程需要一個依止的對象，祂就是金剛薩埵，讓人們表達悔恨，發露懺悔，並修復過去負面行為所造成的影響。

頂果欽哲法王又拋出更重要的一句話，他說：「罪業唯一的善德便是它可以被清淨。」事實上，**在金剛薩埵咒語的運作下，沒有什麼惡業無法被清淨的，即使是最明顯的極惡罪業也可以被化解清淨的。**

四力

六道中輪迴的眾生總是處於妄念的狀態，因而產生各種痛苦、障礙。在金剛乘系統中，金剛薩埵是一切壇城的至高主尊，是諸佛之始。金剛薩埵的根本咒「百字明」，乃是一切咒語的精髓。修持金剛薩埵本尊法的主要目的，即在於清淨這些障蔽。為了全然清淨負面業行，我們必須運用「四力」：依止力、悔恨力、對治力和決斷力。

1 依止力 ▶▶▶ 依止的對象－金剛薩埵

找到一個老師，細數過去的錯誤，告訴他，那是過去的我，並發誓不要再犯錯了。

2 悔恨力 ▶▶▶ 表達悔恨，發露懺悔

3 對治力 ▶▶▶ 修復過去負面行為

4 決斷力 ▶▶▶ 絕不動搖的決心
－不再回頭造作惡業

頂果欽哲法王
如是說：

罪業唯一的善德，便是它可以被清淨

做錯事，從錯誤中學習是一很好的學習。

為什麼要念誦金剛薩埵百字明？

掃除修行障礙

無論是新或舊的密續都宣稱誦讀金剛薩埵本咒，即百字明，有無量立即和究竟的利益。到底有哪些利益呢？在一本古印度經典做了詳細的說明：

累積功德

❶金剛薩埵百字明象徵五種超越界的覺知（five transcending awarenesses，超越世俗所能夠理解的智慧），聲稱修持陀羅尼（dharani，長咒）、真言（mantra，短咒）、手印（mudra）、佛塔（stupa）和曼荼羅（mandala，中譯：壇城）所能積聚的功德，都不如念一遍百字明的偉大力量。

❷任何人誦讀百字明所積聚的功德，據說等於莊嚴諸佛所有的功德，而十方諸佛多如塵沙，其功德更是無盡無量。

應對世俗世界（對抗痛苦，獲得滿足）

❶任何人誦讀百字明，將遠離疾病、痛苦和夭折的襲擊。

❷任何人誦讀百字明，將遠離貧窮與災禍。敵人會被打倒，一切願望都會圓滿實現。

❸任何人誦讀百字明，求子得子，要財有財。若缺土地，即獲土地。

❹凡是想要長壽的人，都應念誦百字明。當壽命將盡之時，會發現壽命又增添三百年，不僅在世間快樂生活，未來亦將往生淨土。

改變精神世界（遠離惡魔的襲擊，獲得智慧、清淨安在）

❶任何人誦讀百字明，將遠離食肉空行母（註：介於人神之間，可以飛翔於天空的智慧女性行者）、惡魔、僵屍，與妄魔的襲擊。

❷即使是惡人誦讀百字明，他們也會見到佛。因此誦讀百字明，讓愚人能獲智，不幸的人改變命運。無常與挫折將被消滅，窮凶極惡的人將會被淨化成為優質的人類。

❸無論今生來世，都將獲得轉輪王，最後安住解脫，獲得佛果。

❹據說，只要努力修習百字明觀想與誦讀百字明，輕微的和普通的惡業即可完全滌清。重大惡業不會持續增加，而會受到抑制，並逐漸被淨化。

注意要點

以上所言，說明一個人在證悟之前必先滌罪。一個人如果能徹底相信業果的道理，一定會懊悔所造的惡業。這樣，懺悔將是誠實的。如果口頭念祈禱文，假裝出家修行，而沒真正的信心和悔意的人，要想獲得證悟，就像烏龜有毛一樣地不可能。

讀誦百字明的好處

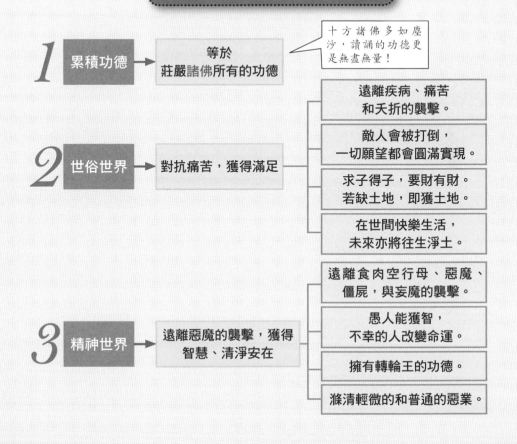

十方諸佛多如塵沙，讀誦的功德更是無盡無量！

1 累積功德 → 等於莊嚴諸佛所有的功德

2 世俗世界 → 對抗痛苦，獲得滿足
- 遠離疾病、痛苦和夭折的襲擊。
- 敵人會被打倒，一切願望都會圓滿實現。
- 求子得子，要財有財。若缺土地，即獲土地。
- 在世間快樂生活，未來亦將往生淨土。

3 精神世界 → 遠離惡魔的襲擊，獲得智慧、清淨安在
- 遠離食肉空行母、惡魔、僵屍，與妄魔的襲擊。
- 愚人能獲智，不幸的人改變命運。
- 擁有轉輪王的功德。
- 滌清輕微的和普通的惡業。

為什麼要念誦金剛薩埵百字明？

總集一切智慧與大力

誰是金剛薩埵？第十七世大寶法王說：金剛薩埵的金剛在梵文中叫「vajra」，包含很多意義，最主要的一個意思是「無二佛智」，這種智慧不會被四魔所摧毀，它代表非常堅固、穩定的意思。薩埵也叫菩薩或勇士，這裡的意思是，雖然薩埵已經圓滿、完全清淨最細微的所知障及煩惱障，而且證得身智無二的果位。但是為了利益眾生，因此祂化現色身的相貌顯現。在利益眾生時，祂具備勇氣，從不灰心，因此被稱為薩埵、菩薩或勇士。

在金剛乘的系統下，祂是本質如鑽石般純淨的本初佛（primordial Buddha），代表諸佛之始，擁有堅固不變、歷劫百生而不壞的特質。**絕大多數的藏傳佛教徒入學的第一堂作業就是修習金剛薩埵的法門，於開始的修行階段每個人都要念金剛薩埵的咒語百字明（The hundred-syllable mantra）**。對於藏傳佛教徒而言，金剛薩埵是懺悔淨力的代表，祂可以徹底地清淨眾生的惡業與妄想，修持者可依此去除過去所造的惡業。直至今日，大部分西藏人每天都會花一點時間持誦金剛薩埵的百字明，並觀想過往犯下的種種惡業，在懺悔過程之中獲得自身的清淨。甚至，更認真的瑜伽修持者會在一生中，以二或三個月的時間閉關持誦百字明十萬次。

金剛薩埵印度梵語音譯為「邊紮薩埵」（Vajrasattva），藏語音譯則為「多傑森巴」（Dorje Sempa），也稱「金剛心菩薩」。 祂是每一個人本來就具有的菩提心的具體表現，而這個菩提心的性質堅固如金剛，無法摧毀破壞。

金剛薩埵身體潔白，表示每一個眾生本具佛性的清淨無染；右手拿著五股金剛杵放置在心間，代表金剛薩埵擁有著一切諸佛如來金剛法印，表示佛的教導，可以幫助眾生，能夠摧毀十種煩惱；左手持鈴，表示以諸佛的般若清淨智慧去驚醒教化一切有情眾生及沒有發大菩薩心的二乘修行人；環抱佛母金剛托巴，表示修持佛法時要慈悲與智慧並用。

金剛薩埵根本咒稱為「百字明」。頂果欽哲法王在他的著作 *Excellent Path to Enlightenment*（中譯：成佛之道）寫著：「我們應該時時憶念、觀修金剛薩埵，如同觀修諸佛一般。成就金剛薩埵的了悟境界，亦即成就諸佛的功德。更甚者，**金剛薩埵的百字明乃是文武百尊的音聲形式；它總集了金剛薩埵自身一切的智慧與大力。**」所以可以幫助大家消除無始劫以來所積累的惡業罪障，可以幫助大家生出無量福德智慧。修習任何法門之後，如果加誦此咒語數遍，作為懺罪，修法時即使偶有過失、錯誤、遺漏之處，諸天護法也不會怪我們。

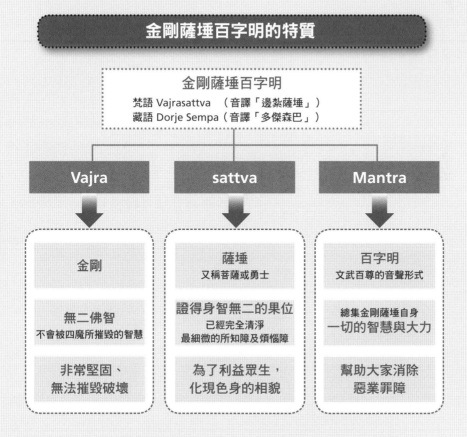

金剛薩埵百字明的特質

金剛薩埵百字明
梵語 Vajrasattva （音譯「邊炸薩埵」）
藏語 Dorje Sempa（音譯「多傑森巴」）

Vajra	sattva	Mantra
金剛	薩埵 又稱菩薩或勇士	百字明 文武百尊的音聲形式
無二佛智 不會被四魔所摧毀的智慧	證得身智無二的果位 已經完全清淨 最細微的所知障及煩惱障	總集金剛薩埵自身 一切的智慧與大力
非常堅固、 無法摧毀破壞	為了利益眾生， 化現色身的相貌	幫助大家消除 惡業罪障

百字明逐句解析

百字明全文（梵文）

ཙ ཡ ཀ྄ར སཏ྄ཏ སམཡ མ ན པ ལ ཡ

ཡ ཀ྄ར སཏྟ ཏ ནི པ ཏི ཥྛ

ད྄ར ཌྷ མེ བྷ ཝ

སུ ཏོ ཥྱོ མེ བྷ ཝ

སུ པོ ཥྱོ མེ བྷ ཝ

ཨ ནུ ར ཀྟོ མེ བྷ ཝ

སཪྦ སི ཌྡྷི མྨེ པྲ ཡ ཙྪ

སཪྦ ཀ ཪྨ སུ ཙ མེ ཙི ཏྟཾ ཤྲེ ཡཿ ཀུ རུ ཧཱུྃ

ཧ ཧ ཧ ཧ ཧོཿ

བྷ ག ཝ ན྄ སཪྦ ཏ ཐཱ ག ཏ ཝ ཛྲ མ མེ མུ ཉྩ

བ ཛྲི བྷ ཝ མ ཧཱ ས མ ཡ ས ཏྭ ཨཱ ཿ

34

百字明全文（梵語英音）

oṃ vajra sattva samaya mānupālaya

vajra satva-tveno pa-tiṣṭha

dṛ-ḍho me-bhava

sutoṣyo me-bhava

supoṣyo me-bhava

anurakto me-bhava

sarva siddhiṃ me-prayaccha

sarva karmasu came citta-śriyaḥ kuru hūṃ

ha ha ha ha hoḥ

bhagavan sarva tathāgata vajra māme muñca

vajrī bhava mahā samaya sattva āḥ

註：百字明梵文本最後一字是ah，剛好是一百個咒字。但經常可見部分藏文本多了hum phat兩個咒字。

嗡 邊紮 薩埵 薩瑪呀 瑪奴巴拉呀

邊紮 薩埵 喋諾 八 地叉

則 卓 美 巴哇

速埵卡呦 美 巴哇

速波卡呦 美 巴哇

阿奴惹埵 美 巴哇

薩^爾哇 悉地 美 札呀擦

薩^爾哇 嘎^爾瑪速 紮美 積當 希瑞^以呀 咕如 吽

哈 哈 哈 哈 霍

巴嘎問 薩^爾哇 達他嘎達 邊紮 瑪美 木紮

邊知^以 巴哇 瑪哈 薩瑪呀 薩埵 阿

百字明全文中譯

金剛薩埵三昧耶，請你守護、護持我

祈請金剛薩埵的本質對我顯現

請讓我堅固、安住

請對我滿足

請讓我興盛

請慈悲喜愛我

請賜予我一切成就

請讓我的心在一切業中榮耀閃亮，吽！！

哈哈哈哈霍

世尊！一切如來金剛！請勿捨棄我！

請成為金剛擁有者！大三昧耶薩埵！啊！

來自南印度赫赫有名的金剛智是密教第五傳法祖，他於西元723年在湖南的資聖寺翻譯出這個重要的漢文譯本。

《大正藏》「金剛頂瑜伽」中略出念誦經卷之百字明

大唐南印度三藏金剛智譯

1 〈梵　文〉[梵文]
　〈金剛智〉唵 跋折囉 薩埵 三摩耶 麼奴波邏耶
　〈羅　馬〉oṃ vajra sattva samaya mānupālaya

2 〈梵　文〉[梵文]
　〈金剛智〉跋折囉 薩埵 - 哆吠奴烏(二合)播底瑟吒
　〈羅　馬〉vajra satva-tveno pa-tiṣṭha

3 〈梵　文〉[梵文]
　〈金剛智〉涅哩茶烏(二合)銘 - 婆縛
　〈羅　馬〉dr-ḍho me-bhava

4 〈梵　文〉[梵文]
　〈金剛智〉素覩沙揄(二合)銘婆縛
　〈羅　馬〉sutoṣyo me-bhava

5 〈梵　文〉[梵文]
　〈金剛智〉素補使揄(二合)銘婆縛
　〈羅　馬〉supoṣyo me-bhava

6 〈梵　文〉[梵文]
　〈金剛智〉阿努囉(上)訖覩(二合)婆銘縛
　〈羅　馬〉anurakto me-bhava

7 〈梵　文〉[梵文]
　〈金剛智〉薩婆 悉地含 銘般囉野綽
　〈羅　馬〉sarva siddhiṃ me-prayaccha

8 〈梵　文〉[梵文]
　〈金剛智〉薩婆 羯磨素 遮銘質多 失唎耶 句嚧 吽
　〈羅　馬〉sarva karmasu came citta-śriyaḥ kuru hūṃ

1 〈意譯〉金剛薩埵三昧耶，請你守護、護持我

〈單字〉oṃ 嗡或唵，此音擁有偉大的宇宙力量，許多咒語的起始句；vajra 堅固不壞；sattva 有情、眾生、本質；samaya 三昧耶：根本誓約，代表本尊與弟子間的身口意密續誓言；mān 對我；anu 請你；pālaya 守護、護持

2 〈意譯〉祈請金剛薩埵的本質對我顯現

〈單字〉vajra sattva 金剛薩埵；sattva-tveno 以薩埵的本質或性質；patiṣha 是 upatiṣtha 的省略形式，拆解成 upa+tisha。upa 向、對；tiṣha 顯現、示現

3 〈意譯〉請讓我堅固、安住

〈單字〉dṛḍho 堅固、安住不動；me 給我、為我；bhava 成為、完成

4 〈意譯〉請對我滿足

〈單字〉su 好的、良善的；toṣyo 歡樂、滿足；me 給我、為我；bhava 成為、完成

5 〈意譯〉請讓我興盛

〈單字〉su 好的、良善的；poṣyo 興盛、豐富、繁榮；me 給我、為我；bhava 成為、完成

6 〈意譯〉請慈悲喜愛我

〈單字〉anurakto 慈悲的喜愛；me 給我、為我；bhava 成為、完成

7 〈意譯〉請賜予我一切成就

〈單字〉sarva 一切；siddhiṃ 成就（音譯為悉地，包含出世與入世的成就）；me 給我、為我；prayaccha 請給予

8 〈意譯〉請讓我的心在一切業中榮耀閃亮，吽！

〈單字〉sarva 一切；karmasu 業；ca 及、和；me 為我；citta 心識；śriyaḥ 榮耀閃亮；kuru 敬請實修；hūṃ 吽，咒語重要的結尾詞，同時是金剛薩埵種子字

9 〈梵　文〉 𑖟 𑖟 𑖟 𑖟 𑖮𑖾
　　〈金剛智〉呵 呵 呵 呵 護 (引)
　　〈羅　馬〉ha ha ha ha hoḥ

10 〈梵　文〉 𑖦𑖐𑖪𑖡𑖿 𑖭𑖨𑖿𑖪 𑖝𑖞𑖯𑖐𑖝 𑖪𑖕𑖿𑖨 𑖦𑖯𑖦𑖸 𑖦𑖲𑖗𑖿𑖓
　　〈金剛智〉薄伽梵　薩婆　怛他揭多 跋折囉 麼迷悶遮
　　〈羅　馬〉bhagavan sarva tathāgata vajra māme muñca

11 〈梵　文〉 𑖪𑖕𑖿𑖨𑖱 𑖥𑖪 𑖦𑖮𑖯 𑖭𑖦𑖧 𑖭𑖝𑖿𑖪 𑖁𑖾
　　〈金剛智〉跋折哩 婆縛 摩訶 三摩耶 薩埵 阿
　　〈羅　馬〉vajrī bhava mahā samaya sattva āḥ

梵音學習簡要說明

（不會很難！請一點一點慢慢認識規則）

必記四要點

1. 母音 a、u、i、e、o 依羅馬拼音發音。其上若加有橫線時，例如 ā、ī、ū 這三字要特別發長音。e、o 其上雖然沒有加橫線，也是要發長音。

2. c 發音接近 church 的 ch 或注音符號的ㄐ。

3. 字母下加一點者，如 ṃ、ṇ、ḥ、ṭ 這四個的發音仍是 m、n、h、t。如果是 r、s 兩個字母下加一點者要特別注意。r 加了下面一點 ṛ 唸成 ri。ṣ 唸成 si 或也有認為注音符號的ㄙ。

4. 發音如同英文 she、show 的 sh 發音。

9 〈意譯〉哈哈哈哈霍

　〈單字〉ha 或 hoḥ 都是經常出現的咒語，除了無意義、喜氣的解釋之外，還有加強語
　　　　氣、種子字的說法

10〈意譯〉世尊！一切如來金剛！請勿捨棄我！

　〈單字〉bhagavan 世尊；sarva 一切；tathāgata 如來；vajra 金剛；mā 不；me 為我；
　　　　muñca 放棄、離開、捨離、脫開

11〈意譯〉請成為金剛擁有者！大三昧耶薩埵！啊！

　〈單字〉vajrī 金剛；bhava 成為；mahā 巨大；samaya 三昧耶戒、誓言；sattva 有情、
　　　　眾生；āḥ 阿，大日如來的種子字

註：此2頁逐句逐字的翻譯出自張宏實先生。

補充四要項

1. ñ 與 n 接近，發音稍微拉長。

2. ṭ 與 t 發音與接近，類似注音符號的ㄅ。

3. ṭh 或 th 接近注音符號的ㄊ。

4. ḥ 或 h 是氣音，接近「喝」的短發音。

（註：梵語發音其實有更細膩的規則，本書僅提供百字明11個咒句簡單、好唸的方法。真要更精準與正確的發音，
還是必須仰賴梵語發音的工具書，或是參加梵語教學班。）

誓約

梵語 英音 oṃ vajra sattva samaya mānupālaya

梵語 中音 嗡 邊紮 薩埵 薩瑪呀 瑪奴巴拉呀

中譯 金剛薩埵三昧耶，請你守護、護持我

英譯 om! Vajrasattva! Preserve the bond!

【咒語大意】

百字明的第一句，以具備宇宙偉大力量的「嗡」字開始，修持者立下誓言，祈請金剛薩埵慈悲的保護與護持。有了這樣的慈悲護持，修持者可以充滿信心，誠心向佛。

【梵音說明】

母音 a、u、i、e、o 依羅馬拼音發音。其上若加有橫線時，例如 ā、ī、ū 這三字要特別發長音。所以 ā 需要發長音。
字母下加一點者，如 ṃ、ṇ、ḥ、ṭ 發音仍是接近 m、n、h、t。

oṃ vajra sattva samaya mānupālaya

oṃ

這是許多咒語的起始句，據說此音擁有偉大的宇宙力量，一般音譯為「嗡」或「唵」，藏語詮釋是「一切吉祥圓滿」的意思，許多印度與西藏的咒語前均有此字，如六字大明咒、彌陀心咒、蓮師心咒等都以「om」做為引導字。

> 六字大明咒：嗡＋「嘛、呢、叭、咪」＋吽
> 百字明心咒：嗡＋「邊粲薩埵」＋吽

vajra sattva

可以拆解成兩個字。Vajra，意思是金剛鑽（地上最堅固的物質）與雷電（天空最強大的力量），所以譯為金剛。Sattva，音譯薩埵，意思是「有情、眾生、本質」，常見「菩薩」（菩提薩埵）一詞的薩埵也就是sattva。所以Vajrasattva意思是金剛薩埵。

> Vajrasattva（金剛薩埵）＝Vajra（金剛）＋sattva（薩埵）
> 　　　　　　　　　　＝具有金剛的本質
> Bodhisattva（菩提薩埵）＝Bodhi（菩提）＋sattva（薩埵）
> 　　　　　　　　　　　　＝追求菩提（完美智慧）的有情眾生

samaya

samaya：音譯三昧耶，梵語意思基本有三，❶時間，特指某一個時刻、❷集會、❸根本誓約。在這裡的意思是「根本誓約」，可以是指「誓句、誓言」，代表本尊與弟子間的身口意密續誓言。

> samaya（三昧耶）＝根本誓約（誓句、誓言）
> 　　　　　　　　＝本尊與弟子間的身口意密續誓言

mānupālaya

可以拆解成mān+anu+pālaya三個字。第一個字mān意思是「對我」（to me），第二個字anu意思是「請你」，第三個字pālaya意思是「守護、護持」（maintaining、protecting）。一般常見護法（dharmapala）一詞的「護」就是這個pala，mān+anu+pālaya三個字合併的mānupālaya意思就是「請你守護我、護持我」。

mānupālaya（請你守護我、護持我）
＝mān（對我）+anu（請你）+pālaya（守護、護持）

●綜合以上的解釋，oṃ vajra sattva samaya mānupālaya的意思是「金剛薩埵三昧耶，請你守護、護持我。」也就是修持者在百字明的第一句就誠心真摯地立下誓約，並以此為誓句（三昧耶），發願請求金剛薩埵守護我、護持我。

金剛薩埵獨尊相　清代（國立故宮博物院藏品）

顯現

梵語英音 vajra satva-tveno pa-tiṣṭha

梵語中音 邊紮 薩埵 喋諾 八 地叉

中譯 祈請金剛薩埵的本質對我顯現

英譯 As Vajrasattva stand before me.

【咒語大意】

在第一句對金剛薩埵發下誓約之後，第二句咒語則是請求金剛薩埵以祂的本質靠近修持者、接近修持者，同時祈請祂顯現於修持者面前，也就是常說的「示現於我」。

【梵音說明】

pa-tiṣṭha 的 ṣ 唸成 si。
ṭh 接近注音符號的ㄊ。

vajra satva-tveno pa-tiṣṭha

Vajra

意思是金剛鑽（地上最堅固的物質）與雷電（天空最強大的力量），所以譯為金剛。

sattva

音譯薩埵，意思是有情、眾生、本質。

sattva-tveno

這是sattvatvena的變化形式，強調薩埵的本質或性質，也可解釋成「在薩埵的位置」。

pa-tiṣṭha

這是upatiṣṭha的省略形式，可拆解成upa+tisha兩個字。第一個字upa意思是「向、對」（toward），第二個字的原字為tiṣṭha，意思是顯現（appear）。兩個字合併就是「向我示現、對我顯現」或「示現於我」。

> patiṣha＝upatiṣṭha的省略形式
> ＝upa（向我、對我）+tiṣṭha（顯現、示現）

• 綜合以上拆字的說明，第二句vajra satva-tveno pa-tiṣṭha意思是「祈請金剛薩埵的本質對我顯現」。

堅固安住

梵語英音 **dṛ-ḍho me-bhava**

梵語中音 **則 卓 美 巴 哇**

中譯 **請讓我堅固、安住**

英譯 **Be firm for me.**

【咒語大意】

這部分的咒語關鍵字是「堅固與安住」，梵語英音為dṛ-ḍho。當修持者祈請金剛薩埵的保護之後（第二句咒語），接著希望能讓自己的狀態或自己的心，維持在一種「堅固安定」的狀態，也就是說讓自己的心能夠「安住於一」。要完成這樣的願望，當然還是要祈請金剛薩埵，讓心能夠堅固自然地安住於一。

【梵音說明】

dṛ-ḍho 的 r 加了下面一點 ṛ 唸成 ri。
ḍho 的 h 是氣音，如果不會發氣音，ḍho 就唸成 do 也頗接近。

dṛ-ḍho me-bhava

dṛ-ḍho

源自於梵語drdhas一詞,擁有堅固(firm)、安住不動(fixed)的意思。

me

給我、為我(for me)。

bhava

是字根bhu的變化形式,可以翻譯為形成(becoming)、完成(production)、呈現形成(coming into existence)。這個單字即是十二因緣「無明、行、識、名色、六入、觸、受、愛、取、有、生、老死」裡面的第十個「有」(becoming)。

•分析上述的梵語字詞dṛ-ḍho me-bhava,可拆解成dṛ-ḍho(堅固安定)+ me(為我)+ bhava(形成),直譯是「請讓我形成堅固安定的狀態」,所以第三句咒語的關鍵是「堅固安定」的狀態,至於要如何才能達到呢?當然是祈請金剛薩埵讓修持者的心安住在穩定堅固的狀態。

滿足

梵語英音 **sutoṣyo me-bhava**

梵語中音 **速埵卡呦 美 巴哇**

中譯 **請對我滿足**

英譯 **Be greatly pleased for me.**

【咒語大意】

第四句咒語關鍵字是「滿足、滿意」，梵語英音為 sutoṣyo。當修持者虔誠地追隨金剛薩埵，滿心希望讓自己的狀態或自己的心，能夠維持在一種「滿足的狀態」，但也有另一種解釋，祈請金剛薩埵滿意，滿意修持者誠摯的奉獻與真心的祈禱，達到一種「圓滿的狀態」。

【梵音說明】

sutoṣyo 的 ṣ 唸成 si。
bha 的 h 是氣音，如果不會發氣音，bha 就唸成 ba 也頗接近。

sutoṣyo me-bhava

sutoṣyo

源自於梵語su＋toṣya，su是好的、良善的（well），toṣya是歡樂、滿足（satification），合起來的意思是「容易滿足」。

me

給我、對我、為我（for me）

bhava

成為、完成（production）、呈現形成（coming into existence）。

●連結以上的梵語字詞，sutoṣyo me-bhava意思就是su（好）+toṣyo（滿足）+me（對我）bhava（形成），直譯是「請為我形成容易滿足的狀態」，或是「請對我滿足」。除此之外，也能翻譯為「請使我圓滿」。這種滿足是來自於金剛菩薩為修持者的加持、消除修持者的業障、增長修持者的智慧。

興盛

梵語英音 **suposyo me-bhava**

梵語中音 **速波卡呦 美 巴哇**

中譯 **請讓我興盛**

英譯 **Deeply nourish me**

【咒語大意】

第五句咒語的關鍵字是繁榮富足，梵語英音為 suposyo。前一句修持者虔誠祈請金剛薩埵滿意，滿意修持者誠摯的奉獻與真心的祈禱。接著希望在金剛薩埵的加持之下，能夠進入興盛繁榮的狀態，這也被解釋成在祈請金剛薩埵的加持之下，讓修持者有足夠的能量去協助他人也一樣繁榮興盛。

【梵音說明】

suposyo 的 ṣ 唸成 si。
bha 的 h 是氣音，如果不會發氣音，bha 就唸成 ba 也頗接近。

suposyo me-bhava

suposyo

源自於梵語原形su＋poṣya，su是好的、良善的（well ），poṣya興盛、豐富、繁榮（prosperity）。

me

給我、對我、為我（for me）。

bhava

完成（production）、呈現形成（coming into existence）。這個單字即是十二因緣「無明、行、識、名色、六入、觸、受、愛、取、有、生、老死」裡面的第十個「有」（becoming）。

• 綜合上述拆字分析suposyo me-bhava的解釋是su（好）+poṣyo（興盛）me（讓我）+bhava（完成），直譯是「請為我形成興盛的狀態」，或是「請為我興盛」。當代梵語專家林光明先生的延伸解釋是「請讓我旺盛」或「請讓我帶給他人繁榮」，也有人將「旺盛」解釋成「增長」。所以，在金剛薩埵的加持過程，增長（旺盛）了修持者的智慧和菩提心。

第6句

喜愛

梵語英音 anurakto me-bhava

梵語中音 阿奴惹埵 美 巴哇

中譯 請慈悲喜愛我

英譯 Love me passionately.

【咒語大意】

這句咒語的關鍵是 anurakto，意思是喜愛、慈愛，甚至還有欲望的深層解釋，指的是修持者誠摯地期盼金剛薩埵施予祂的慈愛與喜愛，所以有人翻譯成「請賜我恩寵」，這樣的譯法其實非常貼近原意。

【梵音說明】

bha 的 h 是氣音，如果不會發氣音，bha 就唸成 ba 也頗接近。

anurakto me-bhava

anurakto

源自於梵語原形anuraktas，意思是喜愛（loved），甚至隱含著欲望的意思，一般解釋成慈悲的喜愛。

me

給我、對我、為我（for me）

bhava

完成（production）、呈現形成（coming into existence）。

•這段咒語的意思是祈請金剛薩埵以慈悲的心去喜愛、慈愛修持者。

一切成就

梵語 英音 sarva siddhiṃ me-prayaccha

梵語 中音 薩_爾哇 悉地 美 札呀擦

中譯 請賜予我一切成就

英譯 Grant me siddhi in all things.

【 咒語大意 】

這句的關鍵字是一切成就，sarva 意思是一切，sarva 這個字詞出現在大悲咒的次數相當頻繁。siddhiṃ 就是「悉地」這個常見的音譯，傳統漢文佛學辭典認為「三密相應」而成就的妙果，就是梵語的悉地，意思是成就（accomplishment）的意思，包含出世與入世的成就。

【 梵音說明 】

字母下加一點者，如果是 ṃ、ṇ，發音仍是接近 m、n。

sarva siddhiṃ me-prayaccha

sarva

一切（whole）。

siddhiṃ

成就（accomplishment），有時音譯為悉地，包含出世與入世的成就。

me

給我、為我（for me）。

prayaccha

請給予、請賜予，與上一個字me合併成「請賜予我」。

•綜合上述拆字分析sarva siddhiṃ me-prayaccha的解釋是sarva（一切）+siddhiṃ（成就）+me-prayaccha（請賜予我），直譯是「請給我一切成就」，這個成就是佛或菩薩的修行成就，是修持者希望金剛薩埵加持消除修持者修行道上的障礙，走入菩提的道路，並獲得菩薩或佛的那樣的成就。

心、業、榮耀閃亮

梵語英音 sarva karmasu came
citta-śriyaḥ kuru hūṃ

梵語中音 薩爾哇 嘎爾瑪速 紮美
積當 希瑞以呀 咕如 吽

中譯 請讓我的心在一切業中榮耀閃亮，吽！

英譯 And in all actions make my mind
most excellent. hum

【咒語大意】

這個咒句的關鍵字比較多，sarva karmasu 是「一切業」，citta 意思是「心識」（含思考、邏輯、判斷…），śriyaḥ 代表「閃亮榮耀」，這個梵字除了榮耀（glory）的概念之外，也包括如同光輝般閃耀的具象化，還可象徵祥瑞吉兆。這句是祈請金剛薩埵溫柔的慈悲與加持，讓修持者的心識（mind）在一切業之中發出榮耀的閃亮光芒。咒語的結尾加上了金剛薩埵的種子字「吽」（hūṃ）。整句話更口語的翻譯：「願我心地賢善地行持一切事業，吽！！」。當念出種子字時，所發出的聲響，隨著空氣的波動，慢慢地擴散整個大宇宙，而在此深奧的音波搖蕩之中，會出現佛的身形。

【梵音說明】

came 與 citta 的 c 發音接近 church 的 ch，或是注音符號的ㄐ。

śriya 的 ś 發音如同英文 she、show 的 sh 發音。

ḥ 是氣音，接近「喝」的短發音。

ū 字上面有一橫線要特別發長音。ṃ 發音仍是 m。

sarva karmasu came
citta-śriyaḥ kuru hūṃ

sarva

一切（whole）。

karmasu

業，源自於梵語原形karma。我們的一切善惡思想、行為，都叫做業，如好的思想、好的行為叫做善業，壞的思想、壞的行為叫做惡業。

ca

及、和（and）。

me

給我、為我（for me）。

citta

心識（mind），思考、邏輯、判斷。《心經》中「心無罣礙，無罣礙故，無有恐怖，遠離顛倒夢想」的「心」。

śriyaḥ

源自於śriyas，原本是梵語中的陰性名詞，在百字明中轉為變化形式的複數受格śriyaḥ，而習慣藏文學習的讀者會看到sriyam的拼音方式。這個字的意思是榮耀閃亮（glory）。此外，也有英文的解釋是ultimately auspicious activity，即祥瑞吉兆的行為。

kuru

敬請實修、敬請進行（please do）。

hūṃ

吽，咒語重要的結尾詞，同時是金剛薩埵的種子字。

哈哈

梵語 英音 ha ha ha ha hoḥ

梵語 中音 哈 哈 哈 哈 霍

中譯 哈 哈 哈 哈 霍（內在喜樂透過聲音自然表達）

英譯 ha ha ha ha hoh

【梵音說明】

ḥ是氣音，與h發音接近，類似「喝」的短發音。

ha ha ha ha hoḥ

●ha ha ha ha hoḥ：哈哈哈哈霍，它可能是無含意的字詞發聲，也可能是人類笑聲的表現。此外，也有這樣的解釋：「哈哈哈哈本為喜氣的字，表四量，修四無量生起四歡喜心」（註：四喜是喜、勝喜、極喜、俱生喜）。無論是ha或hoḥ都是經常出現的咒語，除了無意義、喜氣的解釋之外，還有加強語氣、種子字的說法。如果你曾接觸藏傳佛教，提到ha與hoḥ，大略上可以看到這樣的解釋：為金剛薩埵的誓願、四無量、四種歡喜和百字明的所有含意，非常歡喜。另外，依據金剛薩埵的修持過程，也有這樣的延伸譯法：讓我當下生起四種灌頂的智慧。

請勿捨棄

梵語 英音 bhagavan sarva tathāgata vajra māme muñca

梵語 中音 巴嘎問 薩爾哇 達他嘎達 邊紮 瑪美 木紮

中譯 世尊！一切如來金剛！請勿捨棄我！

英譯 Blessed One! Vajra of all the tathagatas! Do not abandon me.

【咒語大意】

這句中提及佛陀十個名號中的兩個稱謂：世尊（bhagavan，薄伽梵）與如來（tathāgata），修持者祈求金剛薩埵不要捨棄我，不要離開我，並祈請祂在六道輪迴中，一定要救度我。

【梵音說明】

ā 上面有一橫，需要發長音。
muñca 的 c 發音接近 church 的 ch。
ñ 與 n 接近，發音稍微拉長。

bhagavan sarva tathāgata vajra māme muñca

bhagavan

世尊，音譯為薄伽梵，佛陀十個名號之一。意思是佛陀為一切世人所共同尊崇，薄伽梵本意是「破魔」，能破「煩惱魔、蘊魔、天魔、死魔」等四魔。

sarva

一切（whole）。

tathāgata

如來（thus-gome），佛陀十個名號之一。佛陀是乘著如實之道前來完成正覺的人，稱此名號時，強調佛陀的功德「如過去諸佛那樣如實依正法而來、去」。

vajra

金剛，地上最堅固的物質（鑽石）或是天空最強大的力量（雷電）。

mā

不（not）。

me

給我、為我（for me）。

muñca

放棄、離開、捨棄、脫開（let thing go），連同不（ma）、對我（me），māme muñca直譯成「不要離開我」或是「不要捨棄我」。

第二篇 百字明逐句解析

10

請勿捨棄

大三昧耶、金剛擁有者

梵語 英音 vajrī bhava mahā samaya sattva āḥ（hum phat）

梵語 中音 邊知以 巴哇 瑪哈 薩瑪呀 薩埵 阿

中譯 請成為金剛擁有者！大三昧耶薩埵！啊！

英譯 Be the Vajra-bearer,
Being of the Great Bond! ah（hum phat）

【咒語大意】

最後的這句咒語的關鍵字之一是大三昧耶（mahā samaya），這是最後祈請金剛薩埵協助消除修持者的障礙，所以修持者發下虔誠追尋金剛薩埵的大誓願、大三昧耶。

【梵音說明】

ā上面有一橫，需要發長音。
ḥ是氣音，與h發音接近，類似「喝」的短發音。

vajrī bhava mahā samaya sattva āḥ

vajrī

Vajra意思是「金剛」，vajrī是變化形式，意思是「擁有金剛者」。

bhava

成為。

mahā samaya

大三昧耶。Mahā為巨大，samaya意思是誓言、三昧耶戒。

sattva

薩埵，英譯為being，即「眾生」或是「有情」。

āḥ

大日如來的種子字。

hum phat

「梵文版本」的百字明累積至第十一句咒語的最後一字是āḥ（阿），結束時不多不少正好是一百個字。但有的讀者或許會發現部分「藏文版本」百字明是超過一百個字。這是因為最後又被增添了hūṃ（吽）或是hūṃ phat，形成101字與102字兩種形式。hūṃ phat是做為驅趕用途的常見咒語結尾語，藏文發音接近hong pei。其中hūṃ咒字具備驅逐負面能量與療癒的功能，而phat具備保護與摧毀障礙的能量，同時也具備集中咒語的力量。

11句百字明一目了然！

〈百字明〉顧名思義是有一百個字或一百個音節所組成，其實這整首咒語是有嚴謹結構的，可歸納為十一句。從開始第一句的「誓約」，到第二句本尊金剛薩埵的顯現，接著由「堅定安固」到「在心與業的榮耀閃亮」，是內在能量的持續累積，進而獲得實際的清淨功德。當體會一切的圓滿之後，第十句咒句祈請金剛薩埵不要捨棄，而最後的大三昧耶更是要讓真誠的心維持源源不絕的能量。

第❶句　誓約
oṃ vajra sattva samaya mānupālaya

第❷句　顯現
vajra satva-tveno pa-tiṣṭha

第❸句　堅固安住
dṛ-ḍho me-bhava

第❹句　滿足
sutoṣyo me-bhava

第❺句　興盛
supoṣyo me-bhava

第❻句　喜愛
anurakto me-bhava

第❼句　一切成就
sarva siddhiṃ me-prayaccha

第❽句　心、業、榮耀閃亮
sarva karmasu came citta-śriyaḥ kuru hūṃ

第❾句　哈哈
ha ha ha ha hoḥ

第❿句　請勿捨棄
bhagavan sarva tathāgata vajra māme muñca

第⓫句　大三昧耶、金剛擁有者
vajrī bhava mahā samaya sattva āḥ

金剛薩埵心咒解析

梵語英音 oṃ vajrasattva hūṃ

梵語中音 嗡 邊紮薩埵 吽

中譯 嗡 邊紮薩埵 吽

英譯 oṃ vajrasattva hum

【咒語大意】

由oṃ（嗡）與hūṃ（吽）兩個咒字前後護持vajrasattva（邊紮薩埵）。
「邊紮薩埵」與Vajrasattva就是「金剛薩埵」的梵語中音轉寫與梵語英
音轉寫。oṃ（嗡）與hūṃ（吽）是非常重要的兩個咒字，使用這兩個
咒字的時候，表示能量充滿整個宇宙的一種狀態，也代表萬物生成或
根源的「細微物質粒子的波動之始」，這種以音聲、語言的波動方式
來引發宇宙能量的發源地，即是古印度。

oṃ（嗡）與 hūṃ（吽）是非常重要的兩個咒字，使用這兩個咒字的時候，表示能量充滿整個宇宙的一種狀態。

金剛薩埵種子字解析

梵語英音 hūṃ

梵語中音 吽

中譯 吽

英譯 hum

【 咒語大意 】

每一佛部聖尊都有其特有的種子字與相關的象徵物。種子字是生起每一位聖尊的種子，可以梵文與藏文來表示。金剛薩埵的種子字是「吽」字，在進行修持的過程，能成功地觀想這個種子字是重要的關鍵。「吽」既可以轉化成金剛薩埵最重要的持物——金剛杵，也可以放出光芒來供養十方諸佛。

意義

以單一梵字來代表諸佛菩薩，這種特殊的梵字稱為「種子字」（Sanskrit Seed Syllable）。種子字就如同種子般可以生生不息，甚至永無止盡，它是諸尊咒語真言（mantra）的精髓，同時也是諸法的終極濃縮（the ultimate condensation of the Dharma）。

發展

種子字起初只有梵字，之後才發展出藏字種子字。

來源

諸佛菩薩的種子字，主要取其梵名或專屬真言的首字，或是重要的關鍵字，例如胎藏界大日如來的種子字為Āḥ，是取其真言的首字為代表。但有些則是依據義理來決定的。

變化

部分諸尊會使用相同的種子字，例如阿彌陀佛與千手觀音的種子字都是Hrih。金剛部的阿閦如來、金剛薩埵與金剛手（vajrapani）也都是以hūṃ為種子字。

●整體而言，種子字有兩種意義：第一是「攝持」，表示單一種子可以「含藏」無限量的法與無限量的義。第二是「引生」，由一個種子字可以引發「衍生」細微的種種功德。

•認識百字明的類別•

一般說來，百字明（hundred-syllable）或譯百字咒、百字真言二種。第一種是「如來百字明」（hundred-syllable mantra of the Tathagata），據說是源自於《釋迦牟尼佛號密續》（Trisamayavyuharaja tantra）。這是著名的金剛界五部百字明，分別是：佛部百字明、金剛部百字明、寶部百字明、蓮華部百字明、業部百字明。這五部百字明的咒文都相當接近，除了五部的名稱與種子字不同，核心的咒文內容完全相同，每尊種子字依序為佛部Āḥ，金剛部Hūm，寶部Tram，蓮華部Hrih，業部Āḥ。諸佛在「金剛部」與「業部」的種子字都只有一種。其餘三部的佛陀，隨不同的版本或多或少有差異（二至三個不同的種子字）。此外，大日如來與不空成就如來的種子字雖然音譯都念成「Āḥ」，但那是發音相同的「不同的梵字」。

舉其一例：金剛部百字明轉換成蓮華部百字明

　　　　金剛一詞Vajra，改成蓮華一詞Padma

　　　　金剛部種子字Hūṃ，改成蓮華部種子字Hrih

　　　　其餘咒文完全相同！！

除了五部百字明之外，或許會發現另一種在許多密續中皆有講授的「金剛薩埵百字明」（hundred-syllable mantra of the vajrasattva）。請注意！事實上它是上述五部百字明的「金剛部百字明」，因為金剛薩埵就是東方不動佛阿閦如來的報身相（Sambhogakaya form，依過去的修行功德，而顯現出完美的佛身）。「金剛薩埵百字明」有二種形式，分別是寂靜尊與忿怒尊的形式。寂靜尊的形式是「寂靜尊百字明」（hundred-syllable name mantra），涵蓋所有超越輪迴的寂靜本尊。忿怒尊的形式

是「忿怒赫怒迦百字明」（hundred-syllable mantra of the wrathful heruka），據悉是源自於《中間靜慮經密續》（Abhidhanottara tantra）。赫怒迦（Heruka）一詞在梵語原意有「英雄、力大無窮」的意思，祂們可說是密教中的大力士，是以恐怖威怒的形象展現大忿怒的行動，來摧毀無明或無知而獲得證悟。

雖然藏傳佛教各個教派都稱這些咒為「百字」明，但事實上這些咒文未必恰好是一百個字。至於，寂靜尊百字明的觀想還可再分成二種，(1)獨尊相：屬於藏傳佛教四部密續中的瑜伽密續（Yoga tantra），是將金剛薩埵觀想為單身的宇宙統治者；(2)雙身相：屬於四部密續中更高階層的無上瑜伽密續（Anuttarayoga tantra），是觀想雙身的金剛薩埵形相，即佛父與佛母親密相擁。這兩種本尊相貌的觀想法，本書都會有詳細的說明。

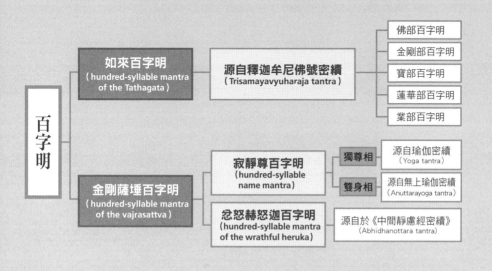

•此生要念誦多少次數？•

百字明持誦的次數究竟要進行多少次？寧瑪派的要求相當驚人，修持者必須完成十萬次的百字明持誦，以及六十萬次的六字心咒。要求如下：

❶首先，完成十萬次百字明念誦。十萬次百字明念誦可分次進行，於每次持誦後，念誦六字心咒數次即可。

❷接著，完成六十萬次六字心咒念誦。每一次念誦前仍需念誦百字明數次，接著專注於六字心咒的持誦。

請記得觀修金剛薩埵，如同觀修諸佛一般。成就金剛薩埵的了悟境界，等同於成就諸佛的功德。更甚者，**金剛薩埵的百字明乃是文武百尊（忿怒尊與寂靜尊）的音聲形式；它總集了金剛薩埵自身一切的智慧與偉大的力量。**如果我們能每日持誦百字明二十一次，並且全然專注於甘露流下與清淨過程的觀想，任何誓戒或三昧耶戒的違犯，以及任何障染，必都能被清淨。如果能夠毫不分心地持誦一百次百字明，甚至連「無間罪」（無間：沒有間斷）也能容易地被清淨。如果修持金剛薩埵，諸佛將視你為自己的孩兒，所有阻撓修行證量與究竟了悟的障礙都將清除無遺。

為什麼念完百字明還要念誦心咒？

念誦「百字明長咒」是著重於流降甘露與懺悔淨化。「簡短心咒」是能夠快速且源源不絕地補給來自宇宙的能量，兩者的目的與導向是有差異的。

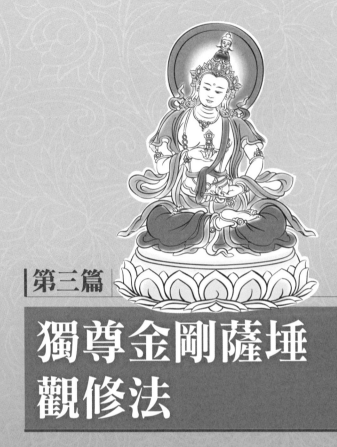

第三篇

獨尊金剛薩埵
觀修法

•獨尊金剛薩埵觀想要點•

金剛乘透由莊嚴的宗教儀式來發展無形的真理，「觀想」便是其中的方式，這是一種以意觀想的修行技巧，它與口誦真言咒語都是修持「金剛薩埵法」重要的關鍵程序。整個過程看似複雜，但掌握幾個關鍵動作，就會發現整個觀想過程其實有著簡單的規則。❶咒字、❷具體實物、❸放光、❹收光、❺金剛薩埵顯現，這五個程序是觀想出金剛薩埵確切的關鍵。這一連串的特殊方法是金剛乘獨特之處，對於佛的存在以超越言詞的形式，去尋求宇宙絕對真理的存在。

修持者首先要觀想——出現咒字，接著，這些關鍵咒字會依序轉換成具體實物——蓮花、平躺月輪、五股金剛杵。這三種基礎轉換分別是：❶「邦」字（梵音Paṃ，中譯音「邦」）轉換成蓮花，❷「阿」字（梵音Āḥ，中譯音「阿」）轉換成平躺的月輪，❸「吽」字（梵音Hūṃ，中譯音「吽」）轉換成五股金剛杵。之後，由金剛杵中央處的「吽」字大放光明，透由此光芒可以供養諸佛，與利益眾生。然後收攝光芒回到吽字，並且將光芒完整融入金剛杵之內。接著，五股金剛杵不可思議地轉化成金剛薩埵。以下是金剛薩埵獨尊觀想的重點大綱，共有八點，接著將有相對應更詳盡細膩的過程描述：

獨尊金剛薩埵觀想步驟

第一，
觀想金剛薩埵在頭頂上

第二，
祈請金剛薩埵的協助

第三，
念讚頌文，並觀想淨化過程

第四，
念誦百字明

第五，
念懺悔祈禱文

第六，
觀想金剛薩埵加持

第七，
觀想化空

第八，
迴向功德

步驟 **1**	觀想咒字到金剛薩埵的化現	1 觀想頭頂上方有個「邦」字
		2 觀想「邦」字變成蓮花
		3 觀想蓮花上有個「阿」字
		4 觀想「阿」字變成月輪
		5 觀想月輪上有「吽」字
		6 觀想「吽」字變成五股金剛杵
		7 觀想五股金剛杵交會處有「吽」字
		8 觀想「吽」字發光，供養諸佛菩薩與利益一切有情眾生
		9 觀想「吽」字收光，融入整個金剛杵
		10 觀想金剛杵化現為金剛薩埵

步驟 **2**	觀想金剛薩埵的形象	1 觀想金剛薩埵的頭部
		2 觀想金剛薩埵的手部
		3 觀想金剛薩埵的坐姿
		4 觀想金剛薩埵的身體

步驟 **3**	迎請諸佛菩薩降臨	1 觀想金剛薩埵的額頭有白色的「嗡」字
		2 觀想金剛薩埵的喉嚨有紅色的「阿」字
		3 觀想金剛薩埵的心間有藍色的「吽」字
		4 觀想金剛薩埵心間有蓮花月輪，月輪上有白色的「吽」字
		5 觀想以「吽」字為中心，百字明咒以順時針方向環繞，全都白色，字朝外
		6 觀想「吽」字和百字明咒蔓放光，迎請十方三世諸佛菩薩降臨
		7 觀想十方三世諸佛菩薩化光融入金剛薩埵，成為珍貴單一的聚合體

| 步驟 **4** | 祈請金剛薩埵清淨業障 | 念誦祈禱文，請求金剛薩埵慈悲地移除累世的惡業與障礙 |

| 步驟 **5** | 觀想淨化過程 | 1 觀想白色甘露流入 |
| | | 2 觀想甘露清淨業障 |

| 步驟 **6** | 念誦百字明 | 念誦百字明，並開始計數 |

| 步驟 **7** | 念懺悔祈禱文 | 虔誠地念懺悔祈禱文 |

| 步驟 **8** | 金剛薩埵化光融入 自身 | 金剛薩埵轉化成光的形式，融入修持者的身體 |

| 步驟 **9** | 進入禪定 | 金剛薩埵的身、口、意和修持者的身、口、意合為一體 |

| 步驟 **10** | 迴向功德 | 每一次修法結束時，都將功德迴向給一切有情眾生 |

步驟 1 觀想咒字到金剛薩埵的化現

詠給・明就多傑仁波切如是說：觀想有許多好處與特質，主要可以歸納為二點：一是有助於我們做「止」的修持，二是有助於我們做「觀」的修持。如果我們想要在一種修持裡，完成二種技巧，也就是「止」與「觀」的話，就是要修持觀想。～ 2006 印度菩提迦耶

觀想的字，要用梵文、藏文，還是中文呢？

都可以，關鍵在於聲音。

觀想 1	當你念讚頌觀想文時，觀想頭頂上方有個「ཨ」字（梵音Pam，中譯音「邦」）。

由聲音轉化成
具體實物。

觀想 **2** 觀想「邦」字轉化成一朵蓮花。

觀想 **3** 觀想蓮花上有個「ༀ」字（梵音Āḥ，中譯音「阿」）。

觀想 **4** 觀想「阿」字轉化成平躺的月輪。

蓮花、月輪的象徵

月輪的觀想源自於印度的「軍荼利法」（kundalini），此法是古代密教消除災厄的修行法。這個白色潔淨的月輪象徵方便（或慈悲），一般出現於仰瓣蓮花之上，通常見於寂靜尊的佛菩薩。若是忿怒尊的諸神，其底座則是改以紅色的太陽圓盤（日輪），象徵智慧，大部分會安置於複瓣蓮花之上。

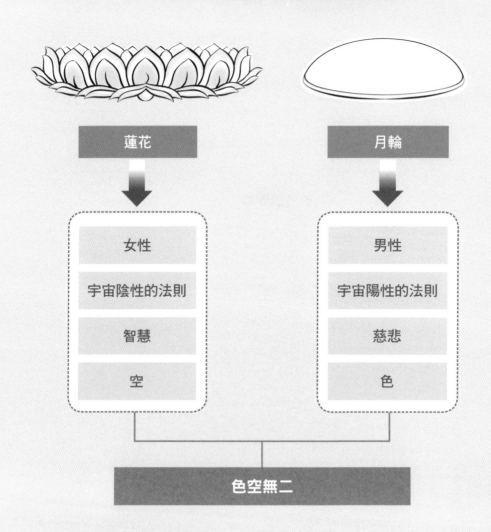

蓮花	月輪
女性	男性
宇宙陰性的法則	宇宙陽性的法則
智慧	慈悲
空	色

色空無二

 這是金剛薩埵的種子字喔。每一佛部聖尊都有其特有的種子字與相關的象徵物。種子字是生起每一位聖尊的種子,可以梵文與藏文來表示。

觀想 **5** 觀想在蓮花月輪上有個「」字(梵音Hūṃ,中譯音「吽」)。

由聲音轉化成實物──
金剛杵，象徵慈悲；蓮
花則象徵智慧。這兩者
的出現，象徵慈悲與智
慧的結合。

觀想 **6** 觀想「吽」字轉化為一個白色的五股金剛杵。

蓮花月輪上承載了聲音（咒音）、文字（咒字）與實體器物（金剛杵）喔！

觀想 7 觀想五股交會處，顯現一個「吽」字。

以聲波及光波傳
遞到整個宇宙。

觀想 **8** 觀想「吽」字射出光芒，供養十方諸佛，並利益一切有
情眾生。

種子字含藏了無限量的法和無限量的義。

觀想 **9** 觀想諸佛以光的形式進入種子字「吽」之中,並融入整個金剛杵之內。

在金剛乘系統中，金剛薩埵是一切壇城的至高主尊，是諸佛之始，被稱為「本初佛」（Primordial Buddha）。因此，觀修金剛薩埵，便如同觀修一切的如來。

觀想 10 觀想整個金剛杵轉化為本尊金剛薩埵。

觀想咒字到金剛薩埵的化現

不管是聲音、持物或本尊都是空的，不可以執為實有。請記住喔！

結語

以上的種種觀想，其理論基礎即是「唯識」——世間諸法，唯心識所現。因一切法皆不離心識，所以一切外境都是由心識變幻而成的。於是金剛薩埵的修習可以清淨內識的汙染。而就在這個同時，修行者必須知道一切現象都是空的，種子字「吽」字與本尊金剛薩埵也不例外。如果執著於實有，即是法執，又會在內識中形成一種汙染。

觀想金剛薩埵的形象

觀想1 觀想金剛薩埵的頭部：在祂的頭頂髮髻上有個小型坐佛，那是金剛薩埵的上師——五方佛金剛部的阿閦如來。

觀想2 觀想金剛薩埵的手部：祂的右手托著「金色」的五股金剛杵在胸前，左手拿著「銀色」的金剛鈴在腰臀處，前者隱喻慈悲，後者為智慧。

觀想 **3** 觀想金剛薩埵的坐姿：祂採用典型的禪定坐姿，右腳稍為外伸，左腳內縮。

依據儀軌的描述：金剛薩埵如同常人般擁有一面和二臂（human form），而非多面多臂的坦特羅造像（tantric form）。如同佛陀一樣，金剛薩埵擁有卅二相和八十種好。雖然儀軌的描述是如此具體清晰，但金剛薩埵的身形清澈澄明而且綻放無限量光芒，祂看起來就如同水中月亮的倒映（月影），是沒有實體的。

觀想 **4** 觀想金剛薩埵的身體：祂的身體是白色的，身上的衣裳，都是珍貴的絲綢製成，並配戴華麗的珠飾寶冠。

迎請諸佛菩薩降臨

接下來連續三個
動作，是要徹底
地觀想金剛薩埵
的身、語、意。

觀想**1** 觀想金剛薩埵的額頭有白色的「」字（梵音om，中譯音「嗡」）。

觀想**2**　觀想金剛薩埵的喉嚨有紅色的「」字（梵音Āḥ，中譯音「阿」）。

觀想**3**　觀想金剛薩埵的心間有藍色的「 」字（梵音Hūṃ，中譯音「吽」）。

觀想 **4** 觀想金剛薩埵的心間有蓮花和月輪，在月輪上有白色的「ཧཱུྃ」字（梵音Hūṃ，中譯音「吽」）。

由一個種子字可引
發衍生細微的種種
功德，生生不息。

觀想5 觀想以「吽」為中心點，百字明以順時針方向開始環
繞，字面朝外，全都是白色的，宛若一條蛇盤繞著中央
種子字「吽」。

用聲波與光波向諸佛發出邀請函喔！

觀想6 觀想強烈的光芒由「吽」字和咒蔓射出，召請十方三世諸佛菩薩降臨。

諸佛化光欣然赴約。

大司徒仁波切如是說：先前你觀想的金剛薩埵相是自己的想像，雖然有加持，但現在祂已經是經過開光的金剛薩埵。這就好像銀器工匠用鐵鎚這樣來塑造佛像，之後你在佛像內放入咒蔓、加持物、舍利等等，然後開光，就成為真正的佛的塑像。～ 2004印度八蚌智慧林

觀想7 觀想諸佛菩薩都化光進入金剛薩埵，成為珍貴單一的聚集體。

祈請金剛薩埵清淨業障

來自宇宙諸佛光的能量，金剛薩埵已聚集了足夠的能力。

哇！這樣就有足夠的能量來洗滌我們的惡業了。

觀想 1 念誦祈禱文，請求金剛薩埵慈悲地移除無始以來所累積的惡業（harmful acts）與障蔽（obscurations）。

觀想淨化過程

觀想白色甘露的流入：修持者觀想白色的甘露從金剛薩埵心間的種子字「吽」和環繞成圈的百字明流出，充滿金剛薩埵整個身體。然後，甘露再從金剛薩埵「右腳的大拇趾」處流入修持者頭頂的梵穴，進入身體。

此時，修持者應該觀想自己只保有覺者的無實體而清晰的「虹身」，就像在透明的容器中注滿白色的甘露一樣。

觀想2 觀想甘露清淨業障：修持者觀想無始以來所累積的惡業與障礙，例如違犯神聖的誓約的過錯，都將幻化成煙垢爛泥。例如：將困擾身體的一切疾病化為膿血，或者是附著於身體內的邪魔，將會變成各類昆蟲。構成你實體肉身的肉和血等，將如同水中起泡的冰塊。它們全被甘露帶走，從感官的孔道和毛細孔中排出，流入地底深處的黃金地基（the mighty golden ground）。在那兒熔化所有，一切都得以淨化。

念誦百字明

不斷地念誦，是為了維持金剛薩埵充沛的能量。

大司徒仁波切如是說：當你觀想甘露流降時，你要持誦百字明長咒，而非短咒。短咒只需要在結束的時候持誦一些即可。但短咒的持誦不能計入十一萬次的咒數中。～2004 印度八蚌智慧林

觀想1 在觀想甘露清淨業障清楚後，必須「專注於一、不緩不疾」，清晰柔和地念誦「百字明」。

106

步驟 7　念懺悔祈禱文

頂果欽哲仁波切如是說：
念完懺悔文時，要思惟
不僅自己的染汙與障蔽
被清除，所有眾生的染
汙與障蔽也盡皆清淨無
遺。～摘自《成佛之道》

觀想 1　修持者兩掌合十在胸前，虔誠地念誦懺悔祈禱文，起句：「本尊，因為我的無知愚昧……。」然後，金剛薩埵聽了你的懺悔之後，喜悅地露出笑容，祂說：「哦！善男子，你一切的惡業、障礙和罪過，從今日起都被清淨了。」

金剛薩埵化光融入自身

第十七世大寶法王如是說：我們讓粗的妄念停止，無造作的安住。如此幫助我們種下大手印的習氣種子，開展智慧。～ 2006 印度菩提迦耶

觀想	此時，金剛薩埵的身、口、意和修持者的身、口、意合為一體。

迴向功德

由自覺走向覺他，才能達到覺滿的境界。

自己領悟了，也要讓他人領悟，這樣才是圓滿的領悟。

觀想　每一次修法結束時，修持者都要將功德迴向給一切有情眾生。

第四篇

雙身金剛薩埵
觀修法

•雙身金剛薩埵觀想要點•

除了獨尊金剛薩埵的觀想之外，也有本章節所討論的雙身形式（Yab-yum），前者是屬於「瑜伽密續」（Yoga tantra）的範疇，是將金剛薩埵觀想為單身的宇宙統治者。而後者雙身形式的觀想是逐漸靠近「無上瑜伽密續」（Anuttarayoga tantra）的修行範疇，這是將金剛薩埵觀想成祂與白慢佛母（Vajragarvi，Vajra Pride）親密的身形。

在獨尊金剛薩埵的修行過程中，強調初期階段的觀想能力，也就是操作視覺化的基礎訓練。一開始是咒字「邦」（Pam）與「阿」（Āḥ）的觀想，還要能夠成功地轉化成「蓮花」與「月輪」。前者象徵「空」與「智慧」，後者是「色」與「慈悲」（或方便），如此傳達了慈悲與智慧的結合，重點還包括了色空無二的概念。就在同時，修行者必須知道一切現象都是空的，在蓮花與明月之上所觀想出來的任何現象都是空的，無論是金剛薩埵種子字「吽」字（代表文字與聲音）或是金剛杵（法器），甚至本尊（具備身形的本初佛）也不例外，所有的一切都是空的。

如果修行過程執著於實有，那就是法執，將會在內識之中又形成一種汙染。**金剛薩埵法之中，獨尊或是雙身相代表不同層次的修行，兩者均包含百字明的念誦，透由觀想與持咒等兩個重要的程序都可以達到不同層面淨化惡業（purifies harmful deeds）的效果。**

獨尊金剛薩埵與雙身金剛薩埵同樣都具備淨化惡業的功德，那祂們的修持究竟有什麼差異呢？凡是能夠進行金剛薩埵雙身相的修行者應該都具備了成熟的觀想能力，所以此一階段的重點早已不在於咒字、持物或本尊身形的視覺化觀想，這原本是獨尊金剛薩埵修行的重點之一，當進入雙身金剛薩埵的修持是要挑戰輪迴兩端「生」與「死」的難題，金剛乘認為每個人來到這個世界就是承受輪迴之苦，解決的方法就是解脫涅槃。

輪迴與涅槃的關鍵竟是在於愛欲，因為「性是生命的起源」，而「涅槃是終止輪迴的方式」。在密續的思想認為，愛欲是不能受到壓抑的，因為愛欲的本質與我們存在的本性有關。於是金剛乘在邁向解脫的道路上，盡可能的利用欲望的巨大能量，全力地將欲念轉化為空性智慧，這就是所謂的方便之道。

所以金剛薩埵雙身相的修持，首先是觀想佛父與佛母的親密結合，這代表著「生命的開始」，隨後的過程是觀想死神紅色閻魔天（Yama）的顯現，也就是面對「生命的結束」的修行。唯有跨越生死兩端的深層挑戰，才能完成更徹底的惡業淨化（purifies harmful deeds）。進行超越生與死的兩大學習之後，第三個重點即將展開，雙身相的金剛薩埵將由東方擴及到宇宙的五個方位，這裡展現出金剛薩埵是「諸佛之始」的重要概念。

人類因為某種因緣誕生於世，當此因緣結束時，生命也就隨之消滅。這種「形成人類出現與消滅的原理」，用印度文來表示的話，就是「欲樂」（kama）與「死亡」，雙身相就是要讓修行者誠實面對人類的生與死，本章節解說的金剛薩埵雙身相是來自於寧瑪派的傳承。

長久以來，雙修一詞經常被誤解，有關其正確的「基礎知識」可參考本書作者的《圖解無上瑜伽》。

但「真正的觀想實修」是必須經過優秀與可靠的上師指導才可進行，個人不宜自行嘗試。

獨尊與雙身金剛薩埵比較

獨尊金剛薩埵 觀想的重點	雙身金剛薩埵 觀想的重點
學習觀想咒字 邦（Pam）、阿（Ah）	觀想金剛薩埵雙身相 （生命的開始）
將咒字成功地轉化成 「蓮花」與「月輪」 （分別象徵「空」與「色」）	觀想閻魔天 （生命的結束）
觀想月輪上的種子字、 持物與金剛薩埵本尊	由東方擴及宇宙五個方位 （遍及一切虛空）

相同之處：兩者均需念誦百字明，而且都具備「淨化惡業」的功德！！

步驟 **1** 觀想金剛薩埵形象

步驟 **2** 深深地懺悔

步驟 **3** 虔誠祈請金剛薩埵加持

雙身金剛薩埵觀想步驟

步驟 **4** 甘露的流動與淨化

步驟 **5** 死神紅色閻魔天的顯相

觀想死神閻魔天的怖畏景象代表著「生命的結束」。所以，要超越輪迴的羈絆，必須克服生與死這兩端的障礙。

步驟 **6** 給予四種加持、四種灌頂及種下四個種子

（下接p.116）

1 觀想自身頭頂上有金剛薩埵雙身相

2 觀想金剛薩埵雙身相的身形

3 觀想金剛薩埵雙身相的手持物

4 觀想金剛薩埵雙身相的裝扮

觀想佛父與佛母兩性結合的圖像意味著「生命的開始」。

1 發出深切強烈的悔恨力，懺悔過去的不當行為

2 認知自己必須「清淨自身」，轉向金剛薩埵本尊祈求「清淨的法門」

1 觀想金剛薩埵心間有一蓮花月輪，月輪上有一個白色的「吽」字

2 觀想「吽」字周圍圍繞著百字明

3 開始持誦百字明

1 獻上強烈的祈願，迎請金剛薩埵的智慧能量來清淨業障

2 觀想金剛薩埵心間的「吽」字流出光明的甘露

3 觀想甘露充滿金剛薩埵本尊與佛母金剛托巴

4 觀想甘露從本尊金剛薩埵與佛母雙運處、腳趾、全身毛孔流出，流入千瓣蓮花座

5 觀想甘露沿著花莖緩緩流下，從修持者頭頂的梵穴進入全身，洗淨所有的障蔽與汙染，業染由全身的毛孔與梵穴流出

1 觀想業染從身體流出的同時，大地裂開了，深達七層

2 觀想象徵死神的紅色閻魔天張大嘴吞下所有的汙液

3 觀想汙液被吞食後，一切汙液轉化為甘露，所有的惡業惡債、過去的業行全然被清淨，我們的色身也全被清淨了，全都轉化成透明如光的相狀，從裡到外全然清淨光明

4 觀想閻魔天與冤親債主十分心滿意足，裂開的大地關閉了

1 觀想甘露充滿頭部時，一切經由色身所造成的惡業全都被淨除，將領受金剛薩埵的「身加持」與寶瓶灌頂。並為未來成就諸佛示現身的「化身」（Nirmanakaya，為了救度眾生而變化出來的身形）種下了種子

2 觀想甘露到達喉部，一切經由口語所造成的惡業全被清除，將領受金剛薩埵的「語加持」與祕密灌頂，並為未來成就「圓滿樂受身」的報身（Sambhogakaya，或稱淨樂身，諸佛修福慧功德圓滿時，自己受用內證法樂的身形）種下了種子

3 觀想甘露流到心間，一切經由心意所造成的負面念頭全都被清除，將領受金剛薩埵的「意加持」與智慧灌頂，並為未來成就究竟身的「法身」（Dharmakaya，諸佛所證的真如法性的身形）種下了種子

4 觀想甘露到達臍輪，甘露充滿全身時，一切身語意三門的微細染汙全都被清除，將領受金剛薩埵金剛智慧的加持與「字語灌頂」，並為未來成就諸佛金剛不變之身的「金剛身」（Vajrakaya）種下了種子

第四篇 雙身金剛薩埵觀修法

雙身金剛薩埵觀想步驟

119

金剛薩埵是本初佛，代表著諸佛之始。

因為是諸佛之始，所以祂的力量將會擴及到宇宙五個方位，遍及一切虛空。

（上承p.114）

雙身金剛薩埵觀想步驟

步驟 **7**　金剛薩埵笑了，咒字的能量啟動

步驟 **8**　單一金剛薩埵雙身相轉化成
五佛部金剛薩埵雙身相

步驟 **9**　咒字、咒音的消融

步驟 **10**　由入定轉成出定

1 修持者向金剛薩埵祈願，心中想著「不只是自己的染汙與障蔽被清除，所有眾生的染汙與障蔽全都被清淨無遺」

2 觀想金剛薩埵因我們的祈願而歡喜，祂面帶微笑並說道：「尊貴的孩兒啊，現在你的一切障染都已被清淨了。」

3 觀想金剛薩埵化光融入自己

4 觀想自身成為金剛薩埵，並與智慧佛母雙運

5 觀想自身心中有一白色月輪，其上有一藍色「吽」字，周圍有金剛薩埵六字心咒「嗡邊紮薩埵吽」

6 觀想咒字有無限的能量，從種子字「吽」與心咒放出無量、多彩的光芒，照射十方佛土，並向諸佛菩薩獻上供養

7 諸佛菩薩納受供養，並賜予加持，將所有聖眾的智慧、慈悲與偉大力量，以光的形式融入自身

8 觀想自己全身與所有咒字都放出無量的光芒，充滿整個宇宙，這個宇宙成為金剛薩埵的圓滿淨土「純淨喜悅的佛土」

1 觀想東方的一切有情眾生，全都成為金剛部的白色金剛薩埵與智慧佛母

2 觀想南方的一切有情眾生，全都成為寶部的黃色金剛薩埵與智慧佛母

3 觀想西方的一切有情眾生，全都成為蓮花部的紅色金剛薩埵與智慧佛母

4 觀想北方的一切有情眾生，全都成為業部的綠色金剛薩埵與智慧佛母

5 觀想中央的一切有情眾生，全都成為如來部（佛部）的藍色金剛薩埵與智慧佛母

1 觀想所有眾生不斷持誦百字明，咒音響遍虛空

2 觀想宇宙眾生由外到內融入金剛薩埵與智慧佛母金剛托巴的雙身相內

3 觀想智慧佛母融入金剛薩埵，金剛薩埵化光融入自己心中的咒字，一個融入另一個

4 安住於這個狀態，全然純淨地處於這個「離戲」的境界中

1 由禪定狀態中出來時，當念頭再度生起，應該這麼想：因為內心的那片鏡子經由金剛薩埵修持法已被擦拭乾淨，所以一切現象也都依據各自的真實自性而清楚投影在這個潔淨無污的鏡面上

2 為了讓清淨持久，必須運用第四個力量，也就是決斷力

3 結束時，全心全意地將修持的功德迴向給一切有情眾生。在迴向功德的同時，也應該保持遠離「執著」與「分別概念」的狀態，清晰地了解到，在究竟實相裡，沒有所謂迴向的人、被迴向的對象，以及迴向的作為

●雙身金剛薩埵觀修法●

步驟 **1** 觀想金剛薩埵形象

堪千・創古仁波切如是說：傳統上，在觀想本尊修持中，會發展三個面向或技巧：清晰、憶念清淨特質和佛慢。「清晰的」本尊身相，是穩定、鮮明而精確的觀想技巧。本尊就如鮮豔生動的彩虹般，在心中清晰呈現，但永遠無堅實性。這不僅是達到「心一境性」與「止」的重點，也能馬上反應自心的狀態。～摘自《生起與圓滿》

放鬆的心是讓觀想穩定持續的必要條件喔！

觀想 1 觀想自身頭頂上有金剛薩埵雙身相：修持者一開始必須練習觀想金剛薩埵與佛母金剛托巴就在自己的頭頂上。

堪千·創古仁波切如是說：本尊雙足結禪定姿，表示安住於輪迴與涅槃的無二無別中；坐於蓮花座上，表示為眾生而示現全然清淨的形相，就如生於沼澤而不被汙泥所染的蓮花一般。～摘自《生起與圓滿》

觀想2　觀想金剛薩埵雙身相的身形：金剛薩埵的神情安詳寧靜，面帶微笑，全身白光閃耀，如同十萬個太陽照射在雪山，光芒耀眼奪目。金剛薩埵採禪定姿，擁抱著佛母金剛托巴，安坐於千瓣白蓮與月輪之上。

金剛薩埵的佛母有兩位以上，主要是依據儀軌的不同。

例如頂果欽哲法王著作的《成佛之道》中，其稱謂是「金剛托巴」（梵Vajratopa）。《慧光集》書中則稱為「金剛慢佛母」（梵Vajragarvi、藏dorje nye ma、英Vajra Pride）。另外還有，金剛界自在佛母（梵Vajradhatu-ishvari、藏je ying wang chug ma）。

| 觀想 **3** | 觀想金剛薩埵雙身相的手持物：金剛薩埵右手握持金色的金剛杵（梵vajra）於胸前，左手握有銀色的金剛鈴（梵ghanta）並置於腰臀處。佛母金剛托巴的右手握持金剛鉞刀（梵kartrika），左手捧持人頭顱缽（梵kapala），其內盛滿生命永恆的甘露（amrita）。 |

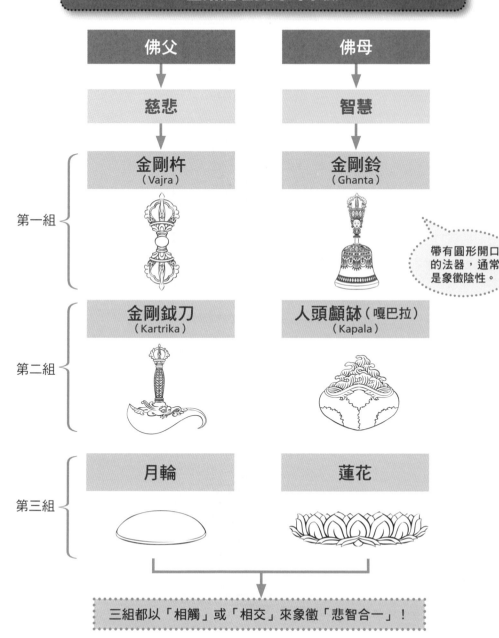

金剛薩埵雙身的象徵

佛父	佛母
↓	↓
慈悲	智慧
↓	↓

第一組

金剛杵 （Vajra）	金剛鈴 （Ghanta）

帶有圓形開口的法器，通常是象徵陰性。

第二組

金剛鉞刀 （Kartrika）	人頭顱鉢（嘎巴拉） （Kapala）

第三組

月輪	蓮花

三組都以「相觸」或「相交」來象徵「悲智合一」！

修持者所觀想的金剛薩埵並非真實可觸碰的血肉身軀喔！祂像虛空中的彩虹，栩栩如生卻又空無可觸。

但是祂的身形又異於彩虹，根本無法以常人的感官知覺去體驗，因為金剛薩埵早已成為諸佛智慧與慈悲的聚合體。

觀想 4 　觀想金剛薩埵雙身相的裝扮：金剛薩埵及其佛母身穿十三種報身佛的華麗莊嚴服飾，包括五絲衣與八寶飾。

步驟2 深深地懺悔

所以修持者必須深切地悔恨過去不謹慎的行為，否則將繼續累積負面的行為，並且持續痛苦。

在金剛薩埵的護持之下，終於可以認清楚所有的負面行為正是造成「輪迴投胎及所有痛苦」的根源。

觀想1 修持者發出深切強烈的悔恨力，懺悔過去的不當行為。

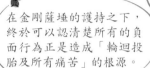

127

僅僅具有悔恨力那還是不夠，我們必須實修清淨自身的法門。請務必全心向著金剛薩埵，對祂生起信心，因為金剛薩埵是包含一切壇城的至高主尊，也是諸佛的聚合體——本初佛，擁有清淨業染的偉大力量。

觀想 2 認知自己必須「清淨自身」，所以向金剛薩埵本尊祈求「清淨的法門」。

虔誠祈請金剛薩埵加持

別忘記與獨尊的觀想一樣，月輪蓮花代表「色空無二」的概念。

觀想 **1** 　觀想金剛薩埵心間有一蓮花月輪，月輪上有一個白色的「吽」字。

由一個種子字可引
發衍生細微的種種
功德，生生不息。

觀想2　觀想「吽」字周圍環繞著百字明。

在念誦的同時，必須對金剛薩埵生起強烈的信心，同時在心中想著：「因為此生與過去世的種種行為，如今輪迴受苦。請您現在賜予加持，讓我清淨自身，脫離無止盡地的輪迴。」

為什麼淨化業障要找金剛薩埵？
這是因為金剛薩埵曾經發下誓願：「當我成佛之後，只要眾生呼喚我的名號、眼見我的身形、憶念我或持誦有我名號在內的咒語，願眾生皆能清淨他們的障蔽、無明和負面的業行。

3 前程祈請金剛薩埵加持

觀想 **3** 開始持誦百字明，次數盡可能多。

甘露的流動與淨化

觀想 **1** 修持者獻上強烈的祈願，迎請金剛薩埵的智慧能量來清淨業障。

這個甘露包含了本尊所有的智慧、慈悲與偉大的力量。

觀想2 觀想金剛薩埵心間的「吽」字流出光明的甘露。

觀想3 觀想甘露充滿金剛薩埵本尊與佛母金剛托巴。

觀想 4 觀想甘露從本尊金剛薩埵與佛母金剛托巴雙運處、腳趾、全身毛孔流出，流入千瓣蓮花座。

在金剛薩埵的護持下，
一連串清淨汙染的過程
將陸續發生：❶疾病將
會以膿汁與血液的樣子
流出，❷負面的魔怨力
量都以昆蟲、蠍子、蛇
的樣貌流出，❸心智的
障蔽則以黑色如煙的液
體流出。疾病、魔怨、
心智的障蔽全都在金剛
薩埵的慈悲護持，遠離
我們的身體。

觀想 5　觀想甘露沿著花莖緩緩流下，從修持者頭頂的梵穴進
入全身，洗淨所有的障蔽與汙染，業染由全身的毛孔
與梵穴流出。

死神紅色閻魔天的顯相

觀想 **1** 觀想業染從身體流出的同時，大地裂開了，深達七層。

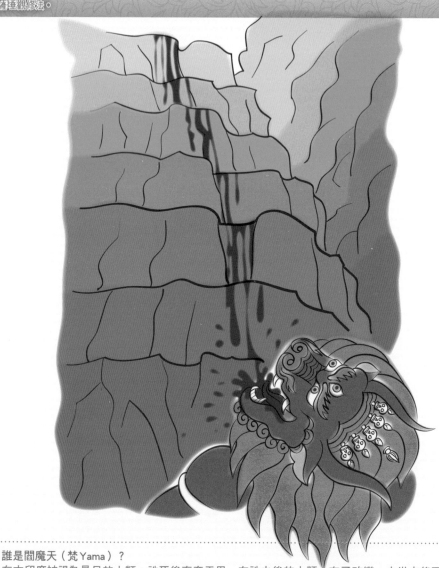

誰是閻魔天（梵Yama）？
在古印度被視為最早的人類，祂死後直奔天界。在祂之後的人類，有了改變，去世之後不能直往天界，必須先前往祂的住處。然後由祂以「最早的死者」的身分引導「後到的死者」到彼岸，在前進之前會顯現超自然的光亮，之後閻魔天被視為「死者之王」，也就是掌管地獄的死神。

觀想 2　觀想象徵死神的紅色閻魔天（梵Yama）張大嘴吞下所有的汗液。

紅色閻魔天的出現是為了協助人們轉毒成智，透過祂的幫助，修持者的色身、過去的業行完全被清淨，而且轉化成透明如光的相狀，從裡到外全然清淨光明。

觀想 3 觀想汗液被吞食後，一切汗液轉化為甘露，修持者的血、肉、骨頭與皮膚不再是粗糙的實體物質，身體清淨透明猶如水晶，包括凡庸的五蘊（色、受、想、行、識）與五大（地、水、火、風、空）都被淨化。

偉大的甘露也同時淨化地底下的冤親債主。

觀想 **4** 觀想閻魔天與冤親債主十分心滿意足，裂開的大地關閉了。

給予四種加持、四種灌頂及種下四個種子

初灌——身加持與寶瓶灌頂

觀想1　觀想甘露充滿頭部時，一切經由色身所造成的惡業，例如殺生、偷盜、邪淫等全都被淨除，將領受金剛薩埵的「身加持」與寶瓶灌頂，並為未來成就諸佛示現身的「化身」（Nirmanakaya，為了救度眾生而變化出來的身形）種下了種子。

二灌——語加持與祕密灌頂

觀想2　觀想甘露到達喉部，一切經由口語所造成的惡業，例如妄語（虛假不真實的話）、綺語（無意義、不正經的話）、兩舌（搬弄是非、離間他人）、惡口（傷害性的言詞）等，全都被清除，將領受金剛薩埵的「語加持」與祕密灌頂，並為未來成就「圓滿樂受身」的報身（Sambhogakaya，或稱淨樂身，諸佛修福慧功德圓滿時，自己受用內證法樂的身形）種下了種子。

三灌——意加持與智慧灌頂

觀想3　觀想甘露流到心間，一切經由心意所造成的負面念頭，例如瞋恨、嫉妒、邪見等，全都被清淨，將領受金剛薩埵的「意加持」與智慧灌頂，並為未來成就究竟身的「法身」（Dharmakaya，諸佛所證的真如法性的身形）種下了種子。

四灌——金剛智慧加持與字語灌頂

觀想4　觀想甘露到達臍輪、充滿全身時，一切身語意三門的微細染汙全都被清除，將領受金剛薩埵金剛智慧加持與「字語灌頂」，並為未來成就諸佛金剛不變之身的「金剛身」（Vajrakaya）種下了種子。

初灌	二灌
身加持	語加持
寶瓶灌頂	祕密灌頂

6

三灌
意加持
智慧灌頂

四灌
金剛智慧加持
字語灌頂

步驟 7 金剛薩埵笑了，咒字的能量啟動

由自覺走向他覺。

眾生均霑雨露。

| 觀想 1 | 修持者向金剛薩埵祈願，心中想著：「不只是自己的染汙與障蔽被清除，所有眾生的染汙與障蔽全都被清淨無遺。」 |

觀想 **2** 　觀想金剛薩埵因我們的祈願而歡喜，祂面帶微笑並說道：「尊貴的孩兒啊，現在你的一切障染都已被清淨了。」

第三世蔣貢康楚仁波切如是說：任何金剛乘的本尊修法，次第觀想完畢後，還需再觀想化光融入，這部分最主要的是空性智慧的轉化；因此修法做任何觀想時，都要把一切觀成透明、似彩虹般、無實質存在的。

觀想3 觀想金剛薩埵化光融入自己。

這時修持者自己已轉換成金剛薩埵，不再是具有凡庸俗相的色身，而是金剛薩埵，並與智慧佛母雙運。

觀想 **4** 觀想自身成為金剛薩埵，並與智慧佛母雙運。

西

（薩）

藏傳佛教咒字的排列是有固定的。

（吽）

南　　　　　　　　　　　　　　北

（邊紮）　　　　　　　　　　　　　（埵）

東

咒字的排列是有固定方向。在修持者的前方（東），是白色的「嗡」字；其右方（南），是黃色的「邊紮」；其後方（西），是紅色的「薩」字；其左方（北），是綠色的「埵」字。

（嗡）

觀想 **5**　觀想自身心中有一白色月輪，其上有一藍色「吽」字，周圍有金剛薩埵六字心咒「嗡邊紮薩埵吽」。

觀想6 觀想咒字有無限的能量，從種子字「吽」與心咒放出無量、多彩的光芒，照射十方佛土，並向諸佛菩薩獻上供養。

不管獨尊或雙身的金剛
薩埵，都是在表達聲音
與光芒的能量轉換，兩
者都是頻率的震動。

觀想 **7** 諸佛菩薩納受供養，並賜予加持，將所有聖眾的智慧、慈悲與偉大力量，以光的形式融入自身。

観想 8 　観想自己全身與所有咒字都放出無量的光芒，充滿整個宇宙，這個宇宙成為金剛薩埵的圓滿淨土「純淨喜悅的佛土」，所有眾生的男性都具有金剛薩埵的身形與自性，女性都具有智慧佛母金剛托巴的身形與自性。

步驟 8
單一金剛薩埵雙身相轉化成五佛部金剛薩埵雙身相

觀想 1 觀想東方的一切有情眾生，全都成為金剛部的白色金剛薩埵與智慧佛母。

觀想 2 觀想南方的一切有情眾生，全都成為寶部的黃色金剛薩埵與智慧佛母。

觀想 3 觀想西方的一切有情眾生，全都成為蓮花部的紅色金剛薩埵與智慧佛母。

觀想 4 觀想北方的一切有情眾生，全都成為業部的綠色金剛薩埵與智慧佛母。

觀想 5 觀想中央的一切有情眾生，全都成為如來部（佛部）的藍色金剛薩埵與智慧佛母。

五方佛的位置如何變化？

傳統上，五方佛的中央是白色，東方是藍色，這裡顯然是兩個方位的顏色互換。這種現象是隨著儀軌的不同，偶爾可見的改變！這個發展過程是：在「行部密續」與「瑜伽密續」中，五方佛部的中心人物是大日如來，由祂統攝全體，祂的位置處於中央。但進入「無上瑜伽密續」階段，金剛部阿閦如來的忿怒諸尊相繼登場，包括金剛薩埵、金剛總持、普賢王如來的地位紛紛躍升，使密宗圖像結構發生巨大改變，所以中央與東方的統攝者將隨著不同的密續階段而發生變化。

西

南

北

東

8

單一金剛薩埵雙身相轉化成五佛部金剛薩埵雙身相

金剛薩埵由宇宙的東方轉變成為遍及一切虛空。

難怪祂是本初佛（諸佛之始）。

咒字、咒音的消融

持續地念誦，一切外顯相狀（身）、聲音（語）與念頭（意）也都不再凡庸，都將成為智慧的純然展現。

觀想 **1** 觀想眾生不斷持誦百字明，咒音響遍虛空。

觀想 2 觀想宇宙眾生由外到內融入(自己這個)金剛薩埵與智慧佛母金剛托巴的雙身相內。

❶ 佛父佛母消融

觀想3

❶佛父佛母消融：觀想智慧佛母融入金剛薩埵。
❷咒字消融：金剛薩埵化光融入自己心中的咒字，一個融入另一個。這些咒字依序融入下一個咒字，最後融入中央的「吽」字。
❸種子字消融：種子字「吽」字從底部到頂端逐漸化光，直到最後宛若虛空中的彩虹消失，只剩下廣大無邊際的明空。

❷ 咒字消融

哇！連那達都不見了，聲音也不見了，什麼都沒有了。

❸ 種子字消融

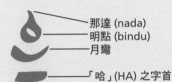

那達 (nada)
明點 (bindu)
月彎
「哈」(HA) 之字首
「哈」(HA) 之字身
小的「阿」(A)
母音「夏布具」(shapkyu)

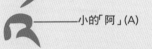

157

安住的片刻，不起任何的概念與執著，這正是內在的智慧、存在的不變狀態，也是究竟金剛薩埵的真實面容。

觀想4 這時，安住於這個狀態，全然純淨地處於這個「離戲」（simplicity，單純的、純粹的、沒有任何造作的意念）的境界中。

由入定轉成出定

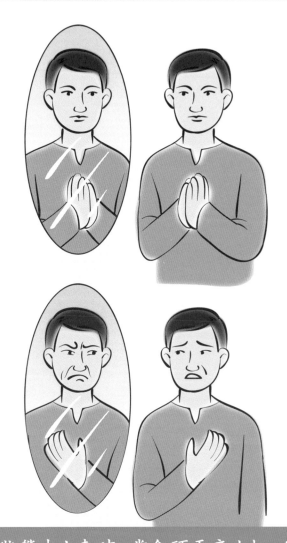

思惟 1　由禪定狀態中出來時，當念頭再度生起，你應該這麼想：因為內心的那片鏡子經由金剛薩埵修持法已被擦拭乾淨，所以一切現象也都依據各自的真實自性而清楚投影在這個潔淨無污的鏡面上。

思惟 **2**

為了讓清淨持久，必須運用第四個力量，也就是決斷力。要有絕不動搖的決心，即使失去性命也絕不再製造惡業，因為已經明白惡業乃是造成一切痛苦與無盡輪迴的根源。

思惟**3**

結束時，全心全意地將修持的功德迴向給一切有情眾生，並說：「經由此功德，願一切有情眾生迅速成就金剛薩埵境。」在迴向功德的同時，也應該保持遠離「執著」與「分別概念」的狀態，清晰地了解到，在究竟實相裡，沒有所謂迴向的人、被迴向的對象，以及迴向的作為。

第五篇

金剛薩埵
種子字觀想

種子字觀想

密乘的修行者稱自己的護法神為本尊。有關覺悟或是證得智慧的意義與過程原本應該是一個抽象的字眼，密乘中予以視覺的具體化過程（擬像化）稱為本尊，並以佛陀的形式呈現。作為本尊的金剛薩埵所顯現的是報身佛的相狀，在祂身體有十三種報身佛的莊嚴，包括五智寶冠、髮髻…等等，請特別注意祂的髮髻上有時會有藏文種子字與摩尼寶等。在修行金剛薩埵過程中，這些都要能夠細膩觀想清楚，由頭頂觀想到腳趾，由腳趾觀想到頭頂，完整細心。每一佛部聖尊都有其特有的種子字與相關的象徵物。**種子字是生起每一位聖尊的種子，可以梵文與藏文來表示。修習本尊時，通常先觀空性，再生起蓮座，接著由蓮座生起種子字，與轉化成聖尊與放光等基本過程。**所以在修習金剛薩埵時，不僅觀想「具體形象的本尊」非常重要，同時「諸尊咒字的視覺化」也非常重要，這也連結到金剛薩埵百字明的念誦。

金剛薩埵的種子字是「吽」字，在進行修持的過程，能成功地觀想這個種子字是重要的關鍵。「吽」既可以轉化成金剛薩埵最重要的持物金剛杵，也可以放出光芒來供養十方諸佛。以下幾個步驟是金剛薩埵「吽」字的觀想狀態：

出現種子字

觀想　觀想在蓮花載盛月輪之上，有一個「⚬」字。（梵音 Hūṃ，中譯音「吽」）

種子字轉化成五股金剛杵

| 觀想 | 「吽」字轉化成白色的五股金剛杵，這是金剛薩埵的重要持物之一。 |

步驟 3 五股金剛杵顯現種子字

觀想　　在金剛杵的交會處顯現「吽」字。

觀想： 「吽」字射出光芒，以供養諸佛，利益眾生，這是放光的過程。

步驟 5 種子字收光

觀想 光又收回到「吽」字之中，這是收光的過程。

•種子字的動能網絡•

吽字的收光也有固定的程序，這涉及到西藏佛教的身心系統，那是延續自印度瑜伽的說法，其中包含以脈、氣、明點為基礎的動能網絡。依序為：

❶ 「吽」的母音（shapkyu）融入小的「阿」（A）。
❷ 接著融入「哈」（HA）字身。
❸ 接著融入「哈」（HA）字首。
❹ 繼續融入月彎。
❺ 融入明點（bindu）。
❻ 融入那達（nada），這是最細微的「脈」（nadi）。
❼ 化空。

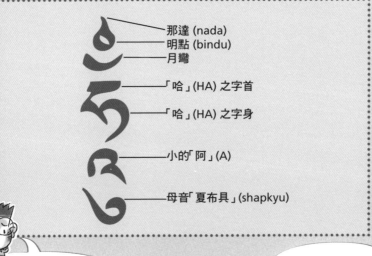

那達 (nada)
明點 (bindu)
月彎
「哈」(HA) 之字首
「哈」(HA) 之字身
小的「阿」(A)
母音「夏布具」(shapkyu)

密續認為氣是一股流動於身體脈輪的生命能量，當能量聚集在脈輪的中心位置即稱為「明點」。

「那達」就是藏文「吽」字在化空前的最後一個筆畫。

金剛薩埵法

念誦觀想
淨化「粗重意識」

身

語

意

種子字觀想
體驗「細微意識」

脈

氣

明點

轉化「身」與「心」

國家圖書館出版品預行編目資料

圖解百字明：藏傳佛教第一咒，讓一百尊佛菩薩幫你清除負面能量【暢銷經典版】
－初版.－臺北市：橡實文化出版：大雁出版基地發行, 2021.02
176面；17*22公分
ISBN 978-986-5401-52-8(平裝)

1. 藏傳佛教　2.佛教修持　3.咒語
226.965

110000068

圖解系列 BB1005R

圖解百字明 ——藏傳佛教第一咒，讓一百尊佛菩薩幫你清除負面能量【暢銷經典版】
＊原書名：《開始讀懂百字明【圖解版】：藏傳佛教第一咒》

作　　　者	張宏實
策　　　劃	顏素慧
插　　　畫	劉鎮豪
責任編輯	于芝峰
執行主編	曾惠君、洪禎璐

藝術總監	邱梁城
版面構成	舞陽美術、張淑珍、宸遠彩藝
圖表繪製	張淑珍
封面設計	柳佳璋

發 行 人	蘇拾平
總 編 輯	于芝峰
副總編輯	田哲榮
業務發行	王綬晨、邱紹溢、劉文雅
行銷企劃	陳詩婷
出　　版	橡實文化 ACORN Publishing
	地址：231030新北市新店區北新路三段207-3號5樓
	電話：（02）8913-1005　傳真：（02）8913-1056
	E-mail信箱：acorn@andbooks.com.tw
	網址：www.acornbooks.com.tw

發　　行	大雁出版基地
	地址：231030新北市新店區北新路三段207-3號5樓
	電話：（02）8913-1005　傳真：（02）8913-1056
	讀者服務信箱：andbooks@andbooks.com.tw
	劃撥帳號：19983379　戶名：大雁文化事業股份有限公司

印　　刷	中原造像股份有限公司
初版一刷	2010年4月
二版三刷	2024年6月
定　　價	380元
ISBN	978-986-5401-52-8